16	3	2	13
5	10	11	8
9	6	7	12
4	15	14	1

coleção TRANS

Gilles Deleuze
Félix Guattari

MIL PLATÔS
Capitalismo e esquizofrenia 2

Vol. 3

Tradução
Aurélio Guerra Neto, Ana Lúcia de Oliveira,
Lúcia Cláudia Leão e Suely Rolnik

editora■34

EDITORA 34

Editora 34 Ltda.
Rua Hungria, 592 Jardim Europa CEP 01455-000
São Paulo - SP Brasil Tel/Fax (11) 3811-6777 www.editora34.com.br

Copyright © Editora 34 Ltda. (edição brasileira), 1996
Mille plateaux © Les Éditions de Minuit, Paris, 1980

A FOTOCÓPIA DE QUALQUER FOLHA DESTE LIVRO É ILEGAL E CONFIGURA UMA
APROPRIAÇÃO INDEVIDA DOS DIREITOS INTELECTUAIS E PATRIMONIAIS DO AUTOR.

Publicado com o apoio do Ministério das Relações Exteriores da França.
Edição conforme o Acordo Ortográfico da Língua Portuguesa.

Título original:
Mille plateaux: capitalisme et schizophrénie 2

Capa, projeto gráfico e editoração eletrônica:
Bracher & Malta Produção Gráfica

Coordenação da tradução:
Ana Lúcia de Oliveira

Revisão técnica:
Luiz B. L. Orlandi

Revisão:
Rosemary Pereira de Lima

1ª Edição - 1996 (4 Reimpressões),
2ª Edição - 2012 (3ª Reimpressão - 2022)

CIP - Brasil. Catalogação-na-Fonte
(Sindicato Nacional dos Editores de Livros, RJ, Brasil)

Deleuze, Gilles, 1925-1995
D348m   Mil platôs: capitalismo e esquizofrenia 2,
vol. 3 / Gilles Deleuze, Félix Guattari; tradução
de Aurélio Guerra Neto, Ana Lúcia de Oliveira,
Lúcia Cláudia Leão e Suely Rolnik. — São Paulo:
Editora 34, 2012 (2ª Edição).
144 p. (Coleção TRANS)

Tradução de: Mille plateaux

ISBN 978-85-7326-017-5

1. Filosofia. I. Guattari, Félix, 1930-1992.
II. Guerra Neto, Aurélio. III. Oliveira, Ana Lúcia de.
IV. Leão, Lúcia Cláudia. V. Rolnik, Suely. VI. Título.
VII. Série.

CDD - 194

MIL PLATÔS
Vol. 3

Nota dos editores 7

6. 28 de novembro de 1947 —
Como criar para si um Corpo sem Órgãos? 11
7. Ano zero — Rostidade 35
8. 1874 — Três novelas ou "O que se passou?" 69
9. 1933 — Micropolítica e segmentaridade 91

Índice onomástico 127
Índice das matérias 129
Índice das reproduções 131
Índice geral dos volumes 132
Bibliografia de Deleuze e Guattari 133
Sobre os autores 137

NOTA DOS EDITORES

Esta edição brasileira de *Mil platôs*, dividindo a obra original em cinco volumes, foi organizada com o consentimento dos autores, Gilles Deleuze e Félix Guattari, e da editora francesa, Les Éditions de Minuit.

– Para facilitar a pesquisa, os confrontos e as correções, as páginas da edição original francesa estão indicadas, entre colchetes e em itálico, ao longo do texto. Os itens do "Índice das matérias" foram incluídos entre colchetes no início de cada capítulo, e ao final do volume acrescentou-se um índice onomástico

Dado o uso conceitual, técnico, do verbo *devenir* em inúmeras passagens do original francês, ele e seus derivados foram aqui traduzidos pelas várias formas do verbo "devir" em português, mesmo nos casos em que é habitual o emprego do verbo "tornar".

MIL PLATÔS

Capitalismo e esquizofrenia 2

Vol. 3

6.
28 DE NOVEMBRO DE 1947 —
COMO CRIAR PARA SI UM CORPO SEM ÓRGÃOS?
[185]

[Corpos sem Órgãos e ondas, intensidades — O ovo — Masoquismo, Amor cortês, Tao — Estratos e plano de consistência — Antonin Artaud — Arte da prudência — Problema dos três Corpos — Desejo, plano, seleção e composição]

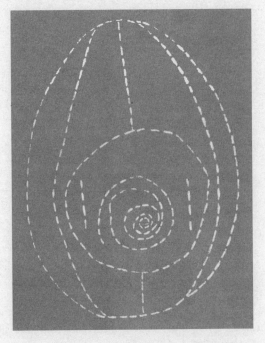

O ovo dogon e a repartição de intensidades

De todo modo você tem um (ou vários), não porque ele pré--exista ou seja dado inteiramente feito — se bem que sob certos aspectos ele pré-exista — mas de todo modo você faz um, não pode desejar sem fazê-lo — e ele espera por você, é um exercício, uma experimentação inevitável, já feita no momento em que você a empreende, não ainda efetuada se você não a começou. Não é tranquilizador, porque você pode falhar. Ou às vezes *[186]* pode ser aterrorizante, conduzi-lo à morte. Ele é não-desejo, mas também desejo. Não é uma noção, um conceito, mas antes uma prática, um conjunto de práticas. Ao Corpo sem Órgãos não se chega, não se pode chegar, nunca se acaba de chegar a ele, é um limite. Diz-se: que é isto — o CsO — mas já se está sobre ele — arrastando-se como um verme, tateando como um cego ou correndo como um louco, viajante do deserto e nômade da estepe. É sobre ele que dormimos, velamos, que lutamos, lutamos e somos vencidos, que procuramos nosso lugar, que descobrimos nossas felicidades inauditas e nossas quedas fabulosas, que penetramos e somos penetrados, que amamos. No dia 28 de novembro de 1947, Artaud declara guerra aos órgãos: *Para acabar com o juízo de Deus*, "porque atem-me se quiserem, mas nada há de mais inútil do que um órgão". É uma experimentação não somente radiofônica, mas biológica, política, atraindo sobre si censura e repressão. *Corpus* e *Socius*, política e experimentação. Não deixarão você experimentar em seu canto.

O CsO já está a caminho desde que o corpo se cansou dos órgãos e quer licenciá-los, ou antes, os perde. Longa procissão: — *do corpo hipocondríaco*, cujos órgãos são destruídos, a destruição já está concluída, nada mais acontece, "A Senhorita X afirma que não tem mais cérebro nem nervos nem peito nem estômago nem tripas, somente lhe restam a pele e os ossos do corpo desorganizado, são essas suas próprias expressões"; — *do corpo paranoico*, cujos órgãos não cessam de ser atacados por influências, mas também restaurados por energias exteriores ("ele viveu muito tempo sem estômago, sem intestinos, quase sem pulmões, o esôfago dilacerado, sem bexiga, as costelas quebradas, ele havia às vezes comido parcialmente sua própria laringe, e assim por diante, mas os milagres divinos haviam sempre regenerado novamente aquilo que havia sido destruído..."); — *do corpo esquizo*, acedendo a uma luta interior ativa que ele mesmo desenvolve contra os órgãos, chegando à catatonia; e depois o *corpo drogado*, esquizo experimental: "o organismo humano é de uma ineficácia gritante; em vez de uma boca e de um ânus que correm o risco de se arruinar, por que não possuir um único orifício polivalente para a alimentação e a defecação? Poder-se-ia obstruir a boca e o nariz, entulhar o estômago e fazer um buraco de aeração diretamente nos pulmões, o que deveria ter sido feito desde a origem";[1] — *do corpo masoquista*, mal compreendido a partir da dor e que é antes de mais nada uma questão de CsO; ele se deixa costurar por seu sádico ou por sua puta, costurar os olhos, o ânus, a uretra, os seios, o nariz; *[187]* deixa-se suspender para interromper o exercício dos órgãos, esfolar como se os órgãos se colassem na pele, enrabar, asfixiar para que tudo seja selado e bem fechado.

Mas por que este desfile lúgubre de corpos costurados, vitrificados, catatonizados, aspirados, posto que o CsO é também pleno de alegria, de êxtase, de dança? Então, por que estes exemplos? Por que é necessário passar por eles? Corpos esvaziados em lugar de plenos. Que aconteceu? Você agiu com a prudência necessária? Não digo sabedoria, mas prudência como dose, como regra imanente à experimentação: injeções de prudência. Muitos são derrotados nesta batalha. Será tão triste e perigoso não mais suportar os olhos para ver, os pulmões para respirar, a boca para engolir, a língua para falar, o cérebro para pensar, o ânus e a laringe, a cabeça e as pernas? Por que não caminhar com a cabeça, cantar com o sínus, ver com a pele, respirar com o ventre, Coisa simples, Entidade, Corpo pleno, Viagem imóvel, Anorexia, Visão cutânea, Yoga, Krishna, Love, Experimentação. Onde a psicanálise diz: Pare, reencontre o seu eu, seria preciso dizer: vamos mais longe, não encontramos ainda nosso CsO, não desfizemos ainda suficientemente nosso eu. Substituir a anamnese pelo esquecimento, a interpretação pela experimentação. Encontre seu corpo sem órgãos, saiba fazê-lo, é uma questão de vida ou de morte, de juventude e de velhice, de tristeza e de alegria. É aí que tudo se decide.

"Senhora, 1) você pode me atar sobre a mesa, solidamente apertado, de dez a quinze minutos, tempo suficiente para preparar os instrumentos; 2) cem chicotadas pelo menos, com alguns minutos de intervalo; 3) você começa a costura, costura o buraco da glande, a pele ao redor deste à glande, impedindo-o de tirar a parte superior, você costura o saco à pele das coxas. Costura os seios, mas com um botão de quatro buracos solidamente sobre cada mama. Você pode reuni-

---

[1] William Burroughs, *Le Festin nu*, Paris, Gallimard, 1964, p. 146.

los com um suspensório. *Aí você passa à segunda fase*: 4) você pode escolher virar-me sobre a mesa, sobre o ventre amarrado, mas com as pernas juntas, ou atar-me ao poste sozinho, os punhos reunidos, as pernas também, todo o corpo solidamente atado; 5) você me chicoteia as costas as nádegas as coxas, cem chicotadas pelo menos; 6) costura as nádegas juntas, todo o rego do cu. Solidamente com um fio duplo parando em cada ponto. Se estou sobre a mesa, você me ata então ao poste; 7) você me chicoteia as nádegas cinquenta vezes; 8) se você quiser reforçar a tortura e executar sua ameaça da última vez, enfie agulhas nas nádegas com força; 9) você pode então atar-me à cadeira, você me chibateia os seios trinta vezes e enfia agulhas menores, se você quiser, pode esquentá-las antes no fogo, todas, ou algumas. *[188]* A amarração na cadeira deveria ser sólida e os punhos amarrados nas costas para estufar o peito. Se eu não falei sobre as queimaduras é que devo fazer em breve uma visita e leva tempo para curar."

— Isto não é um fantasma, é um programa: há diferença essencial entre a interpretação psicanalítica do fantasma e a experimentação antipsicanalítica do programa; entre o fantasma, interpretação a ser ela própria interpretada, e o programa, motor de experimentação.[2] O CsO é o que resta quando tudo foi retirado. E o que se retira é justamente o fantasma, o conjunto de significâncias e subjetivações. A psicanálise faz o contrário: ela traduz tudo em fantasmas, comercializa tudo em fantasmas, preserva o fantasma e perde o real no mais alto grau, porque perde o CsO.

Algo vai acontecer, algo já acontece. Mas não se confundirá o que se passa sobre o CsO e a maneira de se criar um para si. No entanto, um está compreendido no outro. Daí as duas fases afirmadas na carta precedente. *Por que duas fases nitidamente distintas*, enquanto se trata da mesma coisa em ambos os casos, costuras e chicotadas? Uma é para a fabricação do CsO, a outra para fazer aí circular, passar algo; são, no entanto, os mesmos procedimentos que presidem as duas fases, mas eles devem ser repetidos, feitos duas vezes. O que é

---

[2] A oposição programa-fantasma aparece claramente em Michel de M'Uzan, a propósito de um caso de masoquismo; cf. *La Sexualité perverse*, Paris, Payot, 1972, p. 36. Mesmo não precisando a oposição, M'Uzan serve-se da noção de programa para pôr em questão os temas de Édipo, de angústia e castração.

certo é que o masoquista fez para si um CsO em tais condições que este, desde então, só pode ser povoado por intensidades de dor, *ondas doloríferas*. É falso dizer que o masoquista busca a dor, mas não menos falso é dizer que ele busca o prazer de uma forma particularmente suspensiva ou desviada. Ele busca um CsO, mas de tal tipo que ele só poderá ser preenchido, percorrido pela dor, em virtude das próprias condições em que foi constituído. As dores são as populações, as matilhas, os modos do masoquista-rei no deserto que ele fez nascer e crescer. Assim também o corpo drogado e as intensidades de frio, as *ondas geladas*. Para cada tipo de CsO devemos perguntar: 1) Que tipo é este, como ele é fabricado, por que procedimentos e meios que prenunciam já o que vai acontecer; 2) e quais são estes modos, o que acontece, com que variantes, com que surpresas, com que coisas inesperadas em relação à expectativa? Em suma, entre um CsO de tal ou qual tipo e o que acontece nele, há uma relação muito particular de síntese ou de análise: síntese *a priori* onde [189] algo vai ser necessariamente produzido sobre tal modo, mas não se sabe o que vai ser produzido; análise infinita em que aquilo que é produzido sobre o CsO já faz parte da produção deste corpo, já está compreendido nele, sobre ele, mas ao preço de uma infinidade de passagens, de divisões e de subproduções. Experimentação muito delicada, porque não pode haver estagnação dos modos, nem derrapagem do tipo: o masoquista, o drogado tangenciam estes perpétuos perigos que esvaziam seu CsO em vez de preenchê-lo.

Pode-se fracassar duas vezes, e, no entanto, é o mesmo fracasso, o mesmo perigo. No nível da constituição do CsO e no nível daquilo que passa ou não passa. Acreditava-se ter criado um bom CsO, tinha-se escolhido o Lugar, a Potência, o Coletivo (há sempre um coletivo mesmo se se está sozinho), e, no entanto, nada passa, nada circula, ou algo impede a circulação. Um ponto paranoico, um ponto de bloqueio ou uma lufada delirante, vê-se bem isto no livro de Burroughs Jr., *Speed*. Pode-se localizar este ponto perigoso, é necessário expulsar o bloqueador, ou, ao contrário, "amar, honrar e servir o demente cada vez que ele vem à tona"? Bloquear, ser bloqueado, não é ainda uma intensidade? Em cada caso, definir o que passa e o que não passa, o que faz passar e o que impede de passar. Como no circuito da vianda segundo Lewin, algo escorre através dos canais cujas secções são de-

28 de novembro de 1947 — Como criar para si um Corpo sem Órgãos?   15

terminadas por portas, com porteiros, passadores.[3] Abridores de portas e fechadores de armadilhas, Malabars e Fierabras. O corpo é tão somente um conjunto de válvulas, represas, comportas, taças ou vasos comunicantes: um nome próprio para cada um, povoamento do CsO, Metrópoles, que é preciso manejar com o chicote. O que povoa, o que passa e o que bloqueia?

Um CsO é feito de tal maneira que ele só pode ser ocupado, povoado por intensidades. Somente as intensidades passam e circulam. Mas o CsO não é uma cena, um lugar, nem mesmo um suporte onde aconteceria algo. Nada a ver com um fantasma, nada a interpretar. O CsO faz passar intensidades, ele as produz e as distribui num *spatium* ele mesmo intensivo, não extenso. Ele não é espaço e nem está no espaço, é matéria que ocupará o espaço em tal ou qual grau — grau que corresponde às intensidades produzidas. Ele é a matéria intensa e não formada, não estratificada, a matriz intensiva, a intensidade = 0, mas nada há de negativo neste zero, não existem intensidades negativas nem contrárias. Matéria igual a energia. Produção do real como *[190]* grandeza intensiva a partir do zero. Por isto tratamos o CsO como o ovo pleno anterior à extensão do organismo e à organização dos órgãos, antes da formação dos estratos, o ovo intenso que se define por eixos e vetores, gradientes e limiares, tendências dinâmicas com mutação de energia, movimentos cinemáticos com deslocamento de grupos, migrações, tudo isto independentemente das *formas acessórias*, pois os órgãos somente aparecem e funcionam aqui como intensidades puras.[4] O órgão muda transpondo um limiar, mudando de gradiente. "Os órgãos perdem toda constância, quer se trate de sua localização ou de sua função (...) órgãos sexuais aparecem por todo o lado (...) ânus emergem, abrem-se para defecar, depois se fecham,

---

[3] Cf. a descrição do circuito e do fluxo da vianda em família americana em Kurt Lewin, "L'Écologie psychologique", *Psychologie dynamique*, Paris, PUF, 1959, pp. 228-43.

[4] Albert Dalcq, *L'Oeuf et son dynamisme organisateur*, Paris, Albin Michel, 1941, p. 95: "As formas são contingentes em relação ao dinamismo cinemático. O fato de que um orifício se faça ou não no germe é acessório. Conta apenas o próprio processo da imigração, e são puras variações cronológicas e quantitativas que dão ao lugar da invaginação o aspecto de um orifício, de uma fissura ou de uma linha primitiva".

(...) o organismo inteiro muda de textura e de cor, variações alotrópicas reguladas num décimo de segundo".[5] O ovo tântrico.

Finalmente, o grande livro sobre o CsO não seria a *Ética*? Os atributos são os tipos ou os gêneros de CsO, substâncias, potências, intensidades Zero como matrizes produtivas. Os modos são tudo o que se passa: as ondas e as vibrações, as migrações, limiares e gradientes, as intensidades produzidas sob tal ou qual tipo substancial a partir de tal matriz. O corpo masoquista como atributo ou gênero de substância, e sua produção de intensidades, de modos doloríferos, a partir de sua costura, de seu grau 0. O corpo drogado como outro atributo, com sua produção de intensidades específicas a partir do Frio absoluto = 0. ("Os viciados queixam-se sempre daquilo que chamam o Grande Frio, e eles levantam a gola de seus casacos negros e fecham os punhos contra seus pescoços magros (...). Tudo isto é puro cinema: o viciado não quer temperaturas quentes, ele deseja as temperaturas frescas, o frio, o Enorme Gelo. Mas o frio deve atingi-lo como a droga: não externamente, onde não é agradável, mas no interior dele mesmo, para que ele possa sentar-se tranquilamente, com a coluna vertebral tão ereta quanto uma alavanca hidráulica gelada e seu metabolismo caindo para o Zero absoluto...") Etc. O problema de uma mesma substância para todas as substâncias, de uma substância única para todos os atributos, vem a ser este: *existe um conjunto de todos os CsO?* Mas se o CsO já é *[191]* um limite, o que seria necessário dizer do conjunto de todos os CsO? O problema não é mais aquele do Uno e do Múltiplo, mas o da multiplicidade de fusão, que transborda efetivamente toda oposição do uno e do múltiplo. Multiplicidade formal dos atributos substanciais que constitui como tal a unidade ontológica da substância. *Continuum* de todos os atributos ou gêneros de intensidade sob uma mesma substância, e *continuum* das intensidades de um certo gênero sob um mesmo tipo ou atributo. *Continuum* de todas as substâncias em intensidades, mas também de todas as intensidades em substância. *Continuum* ininterrupto do CsO. O CsO, imanência, limite imanente. Os drogados, os masoquistas, os esquizofrênicos, os amantes, todos os CsO prestam homenagem a Es-

---

[5] Burroughs, *Le Festin nu*, cit., p. 21.

pinosa. O CsO é o *campo de imanência do desejo, o plano de consistência* própria do desejo (ali onde o desejo se define como processo de produção, sem referência a qualquer instância exterior, falta que viria torná-lo oco, prazer que viria preenchê-lo).

Cada vez que o desejo é traído, amaldiçoado, arrancado de seu campo de imanência, é porque há um padre por ali. O padre lançou a tríplice maldição sobre o desejo: a da lei negativa, a da regra extrínseca, a do ideal transcendente. Virando-se para o norte, o padre diz: Desejo é falta (como não seria ele carente daquilo que deseja?). O padre operava o primeiro sacrifício, denominado castração, e todos os homens e mulheres do norte vinham enfileirar-se atrás dele, gritando em cadência: "falta, falta, é a lei comum". Depois, voltado para o sul, o padre relacionou o desejo ao prazer. Porque existem padres hedonistas, inclusive orgásticos. O desejo aliviar-se-á no prazer, e não somente o prazer obtido para calar um momento o desejo, mas obtê-lo já é uma maneira de interrompê-lo, de descarregá-lo no próprio instante e de descarregar-se dele. O prazer-descarga: o padre opera o segundo sacrifício denominado masturbação. Depois, voltado para o leste, ele grita: O gozo é impossível, mas o impossível gozo está inscrito no desejo. Porque assim é o Ideal, em sua própria impossibilidade, "falta de gozo que é a vida". O padre operava o terceiro sacrifício, fantasma ou mil e uma noites, cento e vinte dias, enquanto os homens do leste cantavam: sim, nós seremos vosso fantasma, vosso ideal e vossa impossibilidade, os vossos e os nossos também. O padre não se havia voltado para o oeste, porque sabia que esta direção estava preenchida por um plano de consistência, mas acreditava que ela estava bloqueada pelas colunas de Hércules, sem saída, não habitada pelos homens. No entanto era ali que o desejo estava escondido, o oeste era o mais curto caminho que levava ao leste, e às outras direções redescobertas ou desterritorializadas. *[192]*

A figura mais recente do padre é o psicanalista com seus três princípios: Prazer, Morte e Realidade. Sem dúvida, a psicanálise mostrou que o desejo não se submetia à procriação nem mesmo à genitalidade. Foi este o seu modernismo. Mas ela conservava o essencial, encontrando inclusive novos meios para inscrever no desejo a lei negativa da falta, a regra exterior do prazer, o ideal transcendente do fantasma. Por exemplo, a interpretação do masoquismo: quando não

18   Mil platôs

é invocada a ridícula pulsão de morte, pretende-se que o masoquista, como todo mundo, busca o prazer, mas só pode aceder a ele por intermédio das dores e das humilhações fantasmáticas que teriam como função apaziguar ou conjurar uma angústia profunda. Isto não é exato; o sofrimento do masoquista é o preço que ele deve pagar, não para atingir o prazer, mas para desligar o pseudoliame do desejo com o prazer como medida extrínseca. O prazer não é de forma alguma o que só poderia ser atingido pelo desvio do sofrimento, mas o que deve ser postergado ao máximo, porque seu advento interrompe o processo contínuo do desejo positivo. Acontece que existe uma alegria imanente ao desejo, como se ele se preenchesse de si mesmo e de suas contemplações, fato que não implica falta alguma, impossibilidade alguma, que não se equipara e que também não se mede pelo prazer, posto que é esta alegria que distribuirá as intensidades de prazer e impedirá que sejam penetradas de angústia, de vergonha, de culpa. Em suma, o masoquista serve-se do sofrimento como de um meio para constituir um corpo sem órgãos e depreender um plano de consistência do desejo. Que existam outros meios, outros procedimentos diferentes do masoquismo e certamente melhores é outra questão; o fato é que este procedimento convém a alguns.

Por exemplo, um masoquista que não havia passado pela psicanálise: "PROGRAMA... Colocar freios à noite e atar as mãos mais estreitamente seja ao freio com a corrente, seja no cinturão desde o retorno do banho. Colocar os arreios completos, sem perder tempo, a rédea e as algemas, atar as algemas aos arreios. O falo fechado num estojo de metal. Colocar rédeas duas horas durante o dia, à noite segundo a vontade do senhor. Reclusão durante três ou quatro dias, as mãos sempre atadas, a rédea curta e estendida. O senhor nunca se aproximará de seu cavalo sem o seu chicote e dele se servirá a cada vez. Se a impaciência ou a revolta do animal se manifestasse, a rédea seria puxada mais fortemente, o senhor pegaria as rédeas e aplicaria um severo corretivo ao animal".[6] O que faz este masoquista? Ele parece imitar *[193]* o cavalo, *Equus Eroticus*, mas não se trata disso. O cavalo e o senhor domador, a *senhora*, tampouco são imagens da mãe

[6] Roger Dupouy, "Du masochisme", *Annales Médico-Psychologiques*, 12, t. II, Paris, dez. 1929, pp. 397-405.

ou do pai. É uma questão completamente diferente, um devir animal essencial ao masoquismo, uma questão de forças. O masoquista a apresenta assim: *"Axioma do adestramento — destruir as forças instintivas para substituí-las pelas forças transmitidas"*. De fato, trata-se menos de uma destruição do que de uma troca e de uma circulação ("o que acontece ao cavalo pode acontecer também a mim"). O cavalo está domado: às suas forças instintivas o homem impõe forças transmitidas, que vão regular as primeiras, selecioná-las, dominá-las, sobrecodificá-las. O masoquista opera uma inversão de signos: o cavalo vai lhe transmitir suas forças transmitidas, para que as forças inatas do masoquista sejam por sua vez domadas. Existem duas séries: a do cavalo (força inata, força transmitida pelo homem), a do masoquista (força transmitida pelo cavalo, força inata do homem). Uma série explode na outra, cria circuito com outra: aumento de potência ou circuito de intensidades. O "senhor", ou antes, a senhora-cavaleira, a equitadora, assegura a conversão das forças e a inversão dos signos. O masoquista construiu um agenciamento que traça e preenche ao mesmo tempo o campo de imanência do desejo, constituindo consigo, com o cavalo e com a senhora um corpo sem órgãos ou plano de consistência. "Resultados a serem obtidos: que eu esteja numa espera contínua de teus gestos e de tuas ordens, e que pouco a pouco toda oposição dê lugar à *fusão* de minha pessoa com a tua (...) A este respeito é preciso que ao simples ruído de tuas botas, sem mesmo confessá-lo, eu tenha medo. Desta maneira *não serão mais as pernas das mulheres que me impressionarão*, e se te agrada pedir-me carícias, quanto tu as tens e se me fazes senti-las, dar-me-ás a marca de teu corpo como eu nunca a tive e como jamais terei sem isto." As pernas são ainda órgãos, mas as botas determinam tão somente uma zona de intensidade, algo como uma marca ou uma zona sobre um CsO.

Assim também, mas de uma outra maneira, seria um erro interpretar o amor cortês sob as espécies de uma lei da falta ou de um ideal de transcendência. A renúncia ao prazer externo, ou sua postergação, seu distanciamento ao infinito, dá testemunho, ao contrário, de um estado conquistado no qual ao desejo nada mais falta, ele preenche-se de si próprio e erige seu campo de imanência. O prazer é a afecção de uma pessoa ou de um sujeito, é o único meio para uma pessoa "se encontrar" no processo do desejo que a transborda; os prazeres, mesmo os mais artificiais, são reterritorializações. Mas justamente, será necessário reencontrar-se? O amor cortês não ama o eu, da mesma forma que *[194]* não ama o universo inteiro com um amor celeste ou religioso. Trata-se de criar um corpo sem órgãos ali onde as intensidades passem e façam com que não haja mais nem eu nem o outro, isto não em nome de uma generalidade mais alta, de uma maior extensão, mas em virtude de singularidades que não podem mais ser consideradas pessoais, intensidades que não se pode mais chamar de extensivas. O campo de imanência não é interior ao eu, mas também não vem de um eu exterior ou de um não-eu. Ele é antes como o Fora absoluto que não conhece mais os Eu, porque o interior e o exterior fazem igualmente parte da imanência na qual eles se fundiram. O *"joi"*, o unir-se no amor cortês, a troca dos corações, o *"assay"*, o provar algo antes de oferecê-lo à pessoa amada: tudo é permitido desde que não seja exterior ao desejo nem transcendente a seu plano, mas que não seja também interior às pessoas. A menor carícia pode ser tão forte quanto um orgasmo; o orgasmo é apenas um fato, sobretudo incômodo em relação ao desejo que persegue seu direito. Tudo é permitido: o que conta somente é que o prazer seja o fluxo do próprio desejo, Imanência, no lugar de uma medida que viria interrompê-lo, ou que o faria depender dos três fantasmas: a falta interior, o transcendente superior, o exterior aparente.[7] Se o desejo não tem o prazer por norma, não é em nome de uma falta que seria impossível remediar, mas, ao contrário, em razão de sua positividade, quer dizer, do plano de consistência que ele traça no decorrer do seu processo.

Em 982-984 fez-se uma grande compilação japonesa de tratados taoistas chineses. Vê-se aí a formação de um circuito de intensidades entre a energia feminina e a energia masculina, a mulher desempenhando o papel de força instintiva ou inata (Yin), mas que o homem

[7] Sobre o amor cortês e sua imanência radical, que recusa ao mesmo tempo a transcendência religiosa e a exterioridade hedonista, cf. René Nelli, *L'Érotique des troubadours*, Paris, 10-18, 1974, notadamente I, pp. 267, 316, 358, 370; II, pp. 47, 53, 75 (e I, p. 128: uma das grandes diferenças entre o amor cavalheiresco e o amor cortês é que, "para os cavalheiros, o valor graças ao qual se merece o amor é sempre *exterior* ao amor", enquanto que no sistema cortês, a prova sendo essencialmente *interior* ao amor, o valor guerreiro dá lugar a um "heroísmo sentimental": é uma mutação da máquina de guerra).

28 de novembro de 1947 — Como criar para si um Corpo sem Órgãos?

furta ou que se transmite ao homem, de tal maneira que a força transmitida do homem (Yang) aconteça por sua vez e devenha tanto mais inata: aumento das potências.[8] A condição desta circulação e desta multiplicação é que o homem não ejacule. Não se trata de sentir o desejo como falta interior, nem de retardar o prazer para produzir um tipo de [195] mais-valia exteriorizável, mas, ao contrário, de constituir um corpo sem órgãos intensivo, Tao, um campo de imanência onde nada falta ao desejo e que, assim, não mais se relaciona com critério algum exterior ou transcendente. É verdade que todo circuito pode ser rebaixado para fins de procriação (ejacular no bom momento das energias); e é assim que o confucionismo o entende. Mas isto é verdade apenas para uma face deste agenciamento de desejo, a face voltada em direção aos estratos, organismos, Estado, família... Não é verdade para a outra face, a face Tao de desestratificação que traça um plano de consistência próprio ao desejo ele mesmo. O Tao é porventura masoquista? O amor cortês é Tao? Estas questões não têm sentido. O campo de imanência ou plano de consistência deve ser construído; ora ele pode sê-lo em formações sociais muito diferentes, e por agenciamentos muito diferentes, perversos, artísticos, científicos, místicos, políticos, que não têm o mesmo tipo de corpo sem órgãos. Ele será construído pedaço a pedaço, lugares, condições, técnicas, não se deixando reduzir uns aos outros. A questão seria antes saber se os pedaços podem se ligar e a que preço. Há forçosamente cruzamentos monstruosos. O plano de consistência seria, então, o conjunto de todos os CsO, pura multiplicidade de imanência, da qual um pedaço pode ser chinês, um outro americano, um outro medieval, um outro pequeno-perverso, mas num movimento de desterritorialização generalizada onde cada um pega e faz o que pode, segundo seus gostos, que ele teria conseguido abstrair de um Eu, segundo uma política ou uma estratégia que se teria conseguido abstrair de tal ou qual formação, segundo tal procedimento que seria abstraído de sua origem.

Distinguimos: 1) Os CsO que diferem como tipos, gêneros, atributos substanciais, por exemplo o Frio do CsO drogado, o Dolorífe-

---

[8] Robert van Gulik, *La Vie sexuelle dans la Chine ancienne*, Paris, Gallimard, 1971; e o comentário de J.-F. Lyotard, *Economie libidinale*, Paris, Minuit, 1974, pp. 241-51.

ro do CsO masoquista; cada um tem seu grau 0 como princípio de produção (é a *remissio*); 2) o que se passa sobre cada tipo de CsO, quer dizer, os modos, as intensidades produzidas, as ondas e vibrações que passam (a *latitudo*); 3) o conjunto eventual de todos os CsO, o plano de consistência (a *Ommitudo*, às vezes chamado de CsO). — Ora, as questões são múltiplas: não somente como criar para si um CsO, mas também como produzir as intensidades correspondentes sem as quais ele permaneceria vazio? Não é de forma alguma a mesma pergunta. Mais ainda: como chegar ao plano de consistência? Como cozer junto, como esfriar junto, como reunir todos os CsO? Se é possível, isto também só se fará conjugando as intensidades produzidas sobre cada CsO, fazendo um *continuum* de todas as continuidades intensivas. São necessários agenciamentos para fabricar cada CsO, seria necessário *[196]* uma grande Máquina abstrata para construir o plano de consistência? Bateson denomina *platôs* as regiões de intensidade contínua, que são constituídas de tal maneira que não se deixam interromper por uma terminação exterior, como também não se deixam ir em direção a um ponto culminante: são assim certos processos sexuais ou agressivos na cultura balinesa.[9] Um platô é um pedaço de imanência. Cada CsO é feito de platôs. Cada CsO é ele mesmo um platô, que comunica com os outros platôs sobre o plano de consistência. É um componente de passagem.

Releitura de *Heliogabale* e de *Tarahumaras*. Porque Heliogábalo é Espinosa, Espinosa é Heliogábalo ressuscitado. E os Tarahumaras são a experimentação, o *peyotl*, este cactus, este alcaloide portador da mescalina. Espinosa, Heliogábalo e a experimentação têm a mesma fórmula: a anarquia e a unidade são uma única e mesma coisa, não a unidade do Uno, mas uma unidade mais estranha que se diz apenas do múltiplo.[10] É isto que os dois livros de Artaud exprimem: a multi-

[9] Gregory Bateson, *Vers une écologie de l'esprit*, Paris, Seuil, 1977, t. I, pp. 125-6.

[10] Antonin Artaud, *Héliogabale, Oeuvres complètes*, t. VII, Paris, Gallimard, pp. 50-1. É verdade que Artaud apresenta ainda a identidade do Uno e do múltiplo como uma unidade dialética, e que reduz o múltiplo reconduzindo-o ao Uno. Ele faz de Heliogábalo uma espécie de hegeliano. Mas isto é apenas maneira de falar, porque a multiplicidade ultrapassa desde o início toda oposição, e destitui o movimento dialético.

28 de novembro de 1947 — Como criar para si um Corpo sem Órgãos?

plicidade de fusão, a fusibilidade como zero infinito, plano de consistência, Matéria onde não existem deuses; os princípios, como forças, essências, substâncias, elementos, remissões, produções; as maneiras de ser ou modalidades como intensidades produzidas, vibrações, sopros, Números. E enfim a dificuldade de atingir este mundo da Anarquia coroada, se se fica nos órgãos, "o fígado que torna a pele amarela, o cérebro que se sifiliza, o intestino que expulsa o lixo", e se permanece fechado no organismo, ou em um estrato que bloqueia os fluxos e nos fixa neste nosso mundo.

Percebemos pouco a pouco que o CsO não é de modo algum o contrário dos órgãos. Seus inimigos não são os órgãos. O inimigo é o organismo. O CsO não se opõe aos órgãos, mas a essa organização dos órgãos que se chama organismo. É verdade que Artaud desenvolve sua luta contra os órgãos, mas, ao mesmo tempo, contra o organismo que ele tem: *O corpo é o corpo. Ele é sozinho. E não tem necessidade de órgãos. O corpo nunca é um organismo. Os organismos são os inimigos do corpo.* O CsO não se opõe aos órgãos, mas, com seus "órgãos verdadeiros" que devem ser compostos e colocados, ele se opõe ao organismo, à organização orgânica dos órgãos. *O juízo de Deus*, o sistema do juízo de Deus, o sistema *[197]* teológico, é precisamente a operação Daquele que faz um organismo, uma organização de órgãos que se chama organismo porque Ele não pode suportar o CsO, porque Ele o persegue, aniquila para passar antes e fazer passar antes o organismo. O organismo já é isto, o juízo de Deus, do qual os médicos se aproveitam e tiram seu poder. O organismo não é o corpo, o CsO, mas um estrato sobre o CsO, quer dizer um fenômeno de acumulação, de coagulação, de sedimentação que lhe impõe formas, funções, ligações, organizações dominantes e hierarquizadas, transcendências organizadas para extrair um trabalho útil. Os estratos são liames, pinças. "Atem-me se vocês quiserem". Nós não paramos de ser estratificados. Mas o que é este nós, que não sou eu, posto que o sujeito não menos do que o organismo pertence a um estrato e dele depende? Respondemos agora: é o CsO, é ele a realidade glacial sobre o qual vão se formar estes aluviões, sedimentações, coagulação, dobramentos e assentamentos que compõem um organismo — e uma significação e um sujeito. É sobre ele que pesa e se exerce o juízo de Deus, é ele quem o sofre. É nele que os órgãos entram nessas relações de composição que se chamam organismo. O CsO grita: fizeram-me um organismo! dobraram-me indevidamente! roubaram meu corpo! O juízo de Deus arranca-o de sua imanência, e lhe constrói um organismo, uma significação, um sujeito. É ele o estratificado. Assim, ele oscila entre dois polos: de um lado, as superfícies de estratificação sobre as quais ele é rebaixado e submetido ao juízo, e, por outro lado, o plano de consistência no qual ele se desenrola e se abre à experimentação. E se o CsO é um limite, se não se termina nunca de chegar a ele, é porque há sempre um estrato atrás de um outro estrato, um estrato engastado em outro estrato. Porque são necessários muitos estratos e não somente o organismo para fazer o juízo de Deus. Combate perpétuo e violento entre o plano de consistência, que libera o CsO, atravessa e desfaz todos os estratos, e as superfícies de estratificação que o bloqueiam ou rebaixam.

Consideremos os três grandes estratos relacionados a nós, quer dizer, aqueles que nos amarram mais diretamente: o organismo, a significância e a subjetivação. A superfície de organismo, o ângulo de significância e de interpretação, o ponto de subjetivação ou de sujeição. Você será organizado, você será um organismo, articulará seu corpo — senão você será um depravado. Você será significante e significado, intérprete e interpretado — senão será desviante. Você será sujeito e, como tal, fixado, sujeito de enunciação rebatido sobre um sujeito de enunciado — senão você será apenas um vagabundo. Ao conjunto dos estratos, o CsO opõe a desarticulação (ou as *n* articulações) como propriedade do plano de *[198]* consistência, a experimentação como operação sobre este plano (nada de significante, não interprete nunca!), o nomadismo como movimento (inclusive no mesmo lugar, ande, não pare de andar, viagem imóvel, dessubjetivação.) O que quer dizer desarticular, parar de ser um organismo? Como dizer a que ponto é isto simples, e que nós o fazemos todos os dias. Com que prudência necessária, a arte das doses, e o perigo, a overdose. Não se faz a coisa com pancadas de martelo, mas com uma lima muito fina. Inventam-se autodestruições que não se confundem com a pulsão de morte. Desfazer o organismo nunca foi matar-se, mas abrir o corpo a conexões que supõem todo um agenciamento, circuitos, conjunções, superposições e limiares, passagens e distribuições de intensidade, territórios e desterritorializações medidas à maneira de um agrimensor. No limite, desfazer o organismo não é mais difícil do que desfazer os outros estratos, significância ou subjetivação. A significância cola na alma assim como o organismo cola no corpo e dela também não é fácil desfazer-se. E quanto ao sujeito, como fazer para nos descolar dos pontos de subjetivação que nos fixam, que nos pregam numa realidade dominante? Arrancar a consciência do sujeito para fazer dela um meio de exploração, arrancar o inconsciente da significância e da interpretação para fazer dele uma verdadeira produção, não é seguramente nem mais nem menos difícil do que arrancar o corpo do organismo. A prudência é a arte comum dos três; e se acontece que se tangencie a morte ao se desfazer do organismo, tangencia-se o falso, o ilusório, o alucinatório, a morte psíquica ao se furtar à significância e à sujeição. Artaud pesa e mede cada uma de suas palavras: a consciência "sabe o que é bom para ela e o que de nada lhe vale; e, portanto, os pensamentos e sentimentos que ela pode acolher sem perigo e com vantagem, assim como aqueles que são nefastos ao exercício de sua liberdade. Ela sabe sobretudo até onde vai seu ser e até onde ele ainda não foi ou não tem o direito de ir sem soçobrar na irrealidade, no ilusório, no não-feito, no não-preparado... *Plano não atingido pela consciência normal* mas ao qual Ciguri nos permite chegar e que é o próprio mistério de toda poesia. Mas existe no ser humano *um outro plano*, obscuro, informe, onde a consciência não entrou, mas que a cerca de uma espécie de prolongamento sombrio ou de uma ameaça, conforme o caso. Plano que desprende também sensações aventurosas, percepções. São os fantasmas desavergonhados que afetam a consciência doentia. Eu também tive sensações falsas, percepções falsas e nelas acreditei".[11] *[199]*

É necessário guardar o suficiente do organismo para que ele se recomponha a cada aurora; pequenas provisões de significância e de interpretação, é também necessário conservar, inclusive para opô-las a seu próprio sistema, quando as circunstâncias o exigem, quando as coisas, as pessoas, inclusive as situações nos obrigam; e pequenas rações de subjetividade, é preciso conservar suficientemente para poder responder à realidade dominante. Imitem os estratos. Não se atinge o CsO e seu plano de consistência desestratificando grosseiramente. Por

---

[11] Artaud, *Les Tarahumaras*, *Oeuvres complètes*, cit., t. IX, pp. 34-5.

isto encontrava-se desde o início o paradoxo destes corpos lúgubres e esvaziados: *eles haviam se esvaziado de seus órgãos* ao invés de buscar os pontos nos quais podiam paciente e momentaneamente desfazer esta organização dos órgãos que se chama organismo. Havia mesmo várias maneiras de perder seu CsO, seja por não se chegar a produzi-lo, seja produzindo-o mais ou menos, mas nada se produzindo sobre ele e as intensidades não passando ou se bloqueando. Isso porque o CsO não para de oscilar entre as superfícies que o estratificam e o plano que o libera. Liberem-no com um gesto demasiado violento, façam saltar os estratos sem prudência e vocês mesmos se matarão, encravados num buraco negro, ou mesmo envolvidos numa catástrofe, ao invés de traçar o plano. O pior não é permanecer estratificado — organizado, significado, sujeitado — mas precipitar os estratos numa queda suicida ou demente, que os faz recair sobre nós, mais pesados do que nunca. Eis então o que seria necessário fazer: instalar-se sobre um estrato, experimentar as oportunidades que ele nos oferece, buscar aí um lugar favorável, eventuais movimentos de desterritorialização, linhas de fuga possíveis, vivenciá-las, assegurar aqui e ali conjunções de fluxos, experimentar segmento por segmento dos contínuos de intensidades, ter sempre um pequeno pedaço de uma nova terra. É seguindo uma relação meticulosa com os estratos que se consegue liberar as linhas de fuga, fazer passar e fugir os fluxos conjugados, desprender intensidades contínuas para um CsO. Conectar, conjugar, continuar: todo um "diagrama" contra os programas ainda significantes e subjetivos. Estamos numa formação social; ver primeiramente como ela é estratificada para nós, em nós, no lugar onde estamos; ir dos estratos ao agenciamento mais profundo em que estamos envolvidos; fazer com que o agenciamento oscile delicadamente, fazê-lo passar do lado do plano de consistência. É somente aí que o CsO se revela pelo que ele é, conexão de desejos, conjunção de fluxos, *continuum* de intensidades. Você terá construído sua pequena máquina privada, pronta, segundo as circunstâncias, para ramificar-se em outras máquinas coletivas. Castañeda descreve uma longa experimentação (pouco importa que se trate de *peyotl* ou de outra coisa): retenhamos por enquanto como o Índio o força primeiramente a buscar um "lugar", *[200]* operação já difícil, depois a encontrar "aliados", depois a renunciar progressivamente à interpretação, a construir fluxo por fluxo e segmento por segmento as linhas de experimentação, devir-animal, devir-molecular, etc... Porque o CsO é tudo isto: necessariamente um Lugar, necessariamente um Plano, necessariamente um Coletivo (agenciando elementos, coisas, vegetais, animais, utensílios, homens, potências, fragmentos de tudo isto, porque não existe "meu" corpo sem órgãos, mas "eu" sobre ele, o que resta de mim, inalterável e cambiante de forma, transpondo limiares).

No decorrer dos livros de Castañeda, pode acontecer que o leitor comece a duvidar da existência de Don Juan o Índio, e de muitas outras coisas. Mas isto não tem qualquer importância. Melhor ainda se estes livros são a exposição de um sincretismo ao invés de uma etnografia, e um protocolo de experiências ao invés de um relatório de iniciação. Eis que o quarto livro, *Histórias de poder*, trata da distinção viva do "Tonal" e do "Nagual". O *tonal* parece ter uma extensão disparatada: ele é o organismo e também tudo o que é organizado e organizador; mas ele é ainda a significância, tudo o que é significante e significado, tudo o que é suscetível de interpretação, de explicação, tudo o que é memorizável, sob a forma de algo que lembra outra coisa; enfim, ele é o Eu, o sujeito, a pessoa, individual, social ou histórica, e todos os sentimentos correspondentes. Numa palavra, o tonal é tudo, inclusive Deus, o juízo de Deus, visto que ele "constrói as regras por meio das quais apreende o mundo, logo ele cria o mundo, por assim dizer". E, no entanto, o tonal é apenas uma ilha. Porque também o *nagual* é tudo. E é o mesmo todo, mas em condições tais que o corpo sem órgãos substitui o organismo, a experimentação substitui toda interpretação da qual ela não tem mais necessidade. Os fluxos de intensidades, seus fluidos, suas fibras, seus contínuos e suas conjunções de afectos, o vento, uma segmentação fina, as micropercepções substituíram o mundo do sujeito. Os devires, devires-animais, devires-moleculares, substituem a história, individual ou geral. De fato, o tonal não é tão disparatado quanto parece: ele compreende o conjunto dos estratos, e tudo o que pode ser relacionado com os estratos, a organização do organismo, as interpretações e as explicações do significável, os movimentos de subjetivação. O *nagual*, ao contrário, desfaz os estratos. Não é mais um organismo que funciona, mas um CsO que se constrói. Não são mais atos a serem explicados, sonhos ou fantasmas a serem interpretados, recordações de infância a serem lembradas, palavras para significar, mas cores e sons, devires e intensidades (e quando você devém cão, não vai perguntar se o cão com o qual você *[201]* brinca é um sonho ou uma realidade, se é "a puta da tua mãe", ou outra coisa ainda). Não é mais um Eu que sente, age e se lembra, é "uma bruma brilhante, um vapor amarelo e sombrio" que tem afectos e experimenta movimentos, velocidades. Mas o importante é que não se desfaz o *tonal* destruindo-o de uma só vez. É preciso diminuí-lo, estreitá-lo, limpá-lo, e isto ainda somente em alguns momentos. É necessário preservá-lo para sobreviver, para desviar o ataque *nagual*. Porque um *nagual* que irrompesse, que destruísse o *tonal*, um corpo sem órgãos que quebrasse todos os estratos, se transformaria imediatamente em corpo de nada, autodestruição pura sem outra saída a não ser a morte: "o *tonal* dever ser protegido a qualquer preço".

Ainda não respondemos à questão: por que tantos perigos? Por que então tantas precauções necessárias? É porque não basta opor abstratamente os estratos e o CsO. Porque encontra-se CsO já nos estratos não menos do que sobre o plano de consistência desestratificado, mas de uma maneira completamente diferente. Tomemos o organismo como estrato: existe um CsO que se opõe à organização dos órgãos chamada organismo, mas há também um CsO do organismo, pertencendo a este estrato. *Tecido canceroso*: a cada instante, a cada segundo, uma célula devém cancerosa, louca, prolifera e perde sua figura, apodera-se de tudo; é necessário que o organismo a reconduza à sua regra ou a reestratifique, não somente para sobreviver, mas também para que seja possível uma fuga para fora do organismo, uma fabricação do "outro" CsO sobre o plano de consistência. Tomemos agora o estrato de significância: aí ainda, existe um tecido canceroso da significância, um corpo brotando do déspota que bloqueia toda circulação de signos, tanto quanto impede o nascimento do signo a-significante sobre o "outro" CsO. Ou então, um corpo asfixiante da subjetivação que torna ainda tanto mais impossível uma liberação porque não deixa subsistir uma distinção entre os sujeitos. Mesmo se considerarmos tal ou qual formação social, ou tal aparelho de estrato numa formação, dizemos que todos e todas têm seu CsO pronto para corroer, para proliferar, para cobrir e invadir o conjunto do campo social, entrando em relações de violência e de rivalidade tanto quanto de aliança ou de cumplicidade. O CsO do dinheiro (inflação), mas também CsO do Estado, do exército, da fábrica, da cidade, do Partido etc. Se os estratos dizem respeito à coagulação, à sedimentação, basta uma velocidade de sedimentação precipitada num estrato para que ele perca sua figura e suas articulações, e forme seu tumor específico nele mesmo, ou em tal formação, em tal aparelho. Os estratos engendram seus CsO, totalitários e fascistas, aterrorizadoras caricaturas do plano de consistência. Não basta então [202] distinguir os CsO plenos sobre o plano de consistência e os CsO vazios sobre os destroços de estratos, por desestratificação exageradamente violenta. É preciso considerar ainda os CsO cancerosos num estrato que deveio proliferante. *Problema dos três corpos.* Artaud dizia que, fora do "plano", havia este outro plano que nos cerca "com um prolongamento obscuro ou com uma ameaça segundo o caso". É uma luta, e que não comporta jamais, por isto mesmo, clareza suficiente. Como criar para si CsO sem que seja o CsO canceroso de um fascista em nós, ou o CsO vazio de um drogado, de um paranoico ou de um hipocondríaco? Como distinguir os três corpos? Artaud não para de enfrentar este problema. Extraordinária composição de *Pour en finir avec le jugement de Dieu* [Para acabar com o Juízo de Deus]: ele começa por amaldiçoar o corpo canceroso da América, corpo de guerra e de dinheiro; denuncia os estratos que ele chama de "caca"; a isto opõe o verdadeiro Plano, mesmo que seja o riacho minúsculo dos Tarahumaras, *peyotl*; mas ele conhece também os perigos de uma desestratificação demasiado brutal, imprudente. Artaud não para de enfrentar tudo isto e aí sucumbe. *Carta a Hitler*: "Caro Senhor, eu lhe havia mostrado em 1932, no café do Ider, em Berlim, numa das noites em que nos havíamos conhecido e pouco antes de sua tomada do poder, as barragens estabelecidas sobre um mapa que *era tão somente um mapa de geografia*, contra mim, ação de força dirigida num certo número de sentidos que o senhor me designava. Eu levanto hoje, Hitler, as barreiras que havia colocado! Os Parisienses têm necessidade de gás. Vosso, atenciosamente A. A. — P.S. Claro, estimado Senhor, isto não é apenas um convite, é sobretudo uma advertência...".[12] Este mapa que não é somente de geografia, é como que um mapa de intensidade CsO,

[12] Cf. *Cause Commune*, nº 3, Paris, out. 1972.

onde as barragens designam limiares, e os gases, ondas ou fluxos. Mesmo que Artaud não tenha conseguido para ele mesmo, é certo que através dele algo foi conquistado para nós todos.

O CsO é o ovo. Mas o ovo não é regressivo: ao contrário, ele é contemporâneo por excelência, carrega-se sempre consigo, como seu próprio meio de experimentação, seu meio associado. O ovo é o meio de intensidade pura, o *spatium* e não a *extensio*, a intensidade Zero como princípio de produção. Existe uma convergência fundamental entre a ciência e o mito, entre a embriologia e a mitologia, entre o ovo biológico e o ovo psíquico ou cósmico: o ovo designa sempre esta realidade intensiva, não indiferenciada, mas onde as coisas, os órgãos, se distinguem unicamente por gradientes, migrações, zonas de vizinhança. O ovo é o CsO. O CsO não existe "antes" do organismo, ele é adjacente, e não para de se fazer. Se ele está *[203]* ligado à infância, não o está no sentido de uma regressão do adulto à criança, e da criança à Mãe, mas no sentido em que a criança, assim como o gêmeo dogon, que transporta consigo um pedaço de placenta, arranca da forma orgânica da mãe uma matéria intensa e desestratificada que constitui, ao contrário, sua ruptura perpétua com o passado, sua experiência, sua experimentação atuais. O CsO é bloco de infância, devir, o contrário da recordação de infância. Ele não é criança "antes" do adulto, nem "mãe" "antes" da criança: ele é a estrita contemporaneidade do adulto, da criança e do adulto, seu mapa de densidades e intensidades comparadas, e todas as variações sobre este mapa. O CsO é precisamente este germe intenso onde não há e não pode existir nem pais nem filhos (representação orgânica). É o que Freud não compreendeu em Weissmann; a criança como contemporânea germinal dos pais. Assim, o corpo sem órgãos nunca é o seu, o meu... É sempre *um* corpo. Ele não é mais projetivo do que regressivo. É uma involução, mas uma involução criativa e sempre contemporânea. Os órgãos se distribuem sobre o CsO; mas, justamente, eles se distribuem nele independentemente da forma do organismo; as formas devêm contingentes, os órgãos não são mais do que intensidades produzidas, fluxos, limiares e gradientes. "Um" ventre, "um" olho, "uma" boca: ao artigo indefinido nada falta, ele não é indeterminado ou indiferenciado, mas exprime a pura determinação de intensidade, a diferença intensiva. O artigo indefinido é o condutor do desejo. Não se trata ab-

28 de novembro de 1947 — Como criar para si um Corpo sem Órgãos?

solutamente de um corpo despedaçado, esfacelado, ou de órgãos sem corpos (OsC). O CsO é exatamente o contrário. Não há órgãos despedaçados em relação a uma unidade perdida, nem retorno ao indiferenciado em relação a uma totalidade diferenciável. Existe, isto sim, distribuição das razões intensivas de órgãos, com seus artigos positivos indefinidos, no interior de um coletivo ou de uma multiplicidade, num agenciamento e segundo conexões maquínicas operando sobre um CsO. *Logos spermaticos*. O erro da psicanálise é o de ter compreendido os fenômenos de corpos sem órgãos como regressões, projeções, fantasmas, em função de uma *imagem* do corpo. Por isso, ela só percebia o avesso das coisas, substituía um mapa mundial de intensidades por fotos de família, recordações de infância e objetos parciais. Ela nada compreendia acerca do ovo, nem dos artigos indefinidos, nem sobre a contemporaneidade de um meio que não para de se fazer.

O CsO é desejo, é ele e por ele que se deseja. Não somente porque ele é o plano de consistência ou o campo de imanência do desejo; mas inclusive quando cai no vazio da desestratificação brutal, ou bem na proliferação do estrato canceroso, ele permanece desejo. O desejo vai até aí: às vezes desejar seu [204] próprio aniquilamento, às vezes desejar aquilo que tem o poder de aniquilar. Desejo de dinheiro, desejo de exército, de polícia e de Estado, desejo-fascista, inclusive o fascismo é desejo. Há desejo toda vez que há constituição de um CsO numa relação ou em outra. Não é um problema de ideologia, mas de pura matéria, fenômeno de matéria física, biológica, psíquica, social ou cósmica. Por isto o problema material de uma esquizoanálise é o de saber se nós possuímos os meios de realizar a seleção, de separar o CsO de seus duplos: corpos vítreos vazios, corpos cancerosos, totalitários e fascistas. A prova do desejo: não denunciar os falsos desejos, mas, no desejo, distinguir o que remete à proliferação de estratos, ou bem à desestratificação demasiada violenta, e o que remete à construção do plano de consistência (vigiar inclusive em nós mesmos o fascista, e também o suicida e o demente.). O plano de consistência não é simplesmente o que é constituído por todos os CsO. Há os que ele rejeita, é ele que faz a escolha, com a máquina abstrata que o traça. E inclusive num CsO (o corpo masoquista, o corpo drogado, etc...) distinguir aquilo que é componível ou não sobre o plano. Uso fascista da droga, ou uso suicida, mas também a possibilidade de um uso em conformidade com o plano de consistência? Mesmo a paranoia: possibilidade de fazer parcialmente um tal uso? Quando colocávamos a questão de um conjunto de todos os CsO, tomados como atributos substanciais de uma substância única, era preciso, em sentido estrito, entender isso somente em relação ao plano. É ele que faz o conjunto de todos os CsO plenos selecionados (nada de conjunto positivo com os corpos vazios ou cancerosos). De que natureza é este conjunto? Unicamente lógica? Ou bem é necessário dizer que cada CsO em seu gênero produz efeitos idênticos ou análogos aos efeitos dos outros em seu próprio gênero? Aquilo que o drogado obtém, o que o masoquista obtém, poderia também ser obtido de outra maneira nas condições do plano: no extremo, drogar-se sem droga, embriagar-se com água pura, como na experimentação de Henry Miller? Ou bem ainda: trata-se de uma passagem real de substâncias, de uma continuidade intensiva de todos os CsO? Tudo é possível, sem dúvida. Nós apenas dizemos: a identidade dos efeitos, a continuidade dos gêneros, o conjunto de todos os CsO não podem ser obtidos sobre o plano de consistência senão por intermédio de uma máquina abstrata capaz de cobri-lo e mesmo de traçá-lo, de agenciamentos capazes de se ramificarem no desejo, de assumirem efetivamente os desejos, de assegurar suas conexões contínuas, suas ligações transversais. Senão os CsO do plano permanecerão separados em seu gênero, marginalizados, reduzidos aos meios disponíveis, enquanto triunfarão sobre "o outro plano" os duplos cancerosos ou esvaziados.

Tradução de Aurélio Guerra Neto

7.
ANO ZERO —
ROSTIDADE
[205]

[Muro branco, buraco negro — Máquina abstrata de rostidade — Corpo, cabeça e rosto — Rosto e paisagem — O romance cortês — Teoremas da desterritorialização — Funções sociais do rosto — O rosto e Cristo — As duas figuras do rosto: face e perfil, o desvio — Desfazer o rosto]

  Havíamos encontrado dois eixos: um de significância e outro de subjetivação. Eram duas semióticas bastante diferentes, ou mesmo dois estratos. Mas a significância não existe sem um muro branco sobre o qual inscreve seus signos e suas redundâncias. A subjetivação não existe sem um buraco negro onde aloja sua consciência, sua paixão, suas redundâncias. Como só existem semióticas mistas ou como os estratos nunca ocorrem sozinhos, havendo pelo menos dois, não devemos nos surpreender com a montagem de um dispositivo muito especial em seu cruzamento. É entretanto curioso, um rosto: sistema *muro branco-buraco negro*. Grande rosto com bochechas brancas, rosto de giz furado com olhos como buraco negro. Cabeça de *clown*, *clown* branco, pierrô lunar, anjo da morte, santo sudário. O rosto não é um invólucro exterior *[206]* àquele que fala, que pensa ou que sente. A forma do significante na linguagem, suas próprias unidades continuariam indeterminadas se o eventual ouvinte não guiasse suas escolhas pelo rosto daquele que fala ("veja, ele parece irritado...", "ele não poderia ter dito isso...", "você vê meu rosto quando eu converso com você...", "olhe bem para mim..."). Uma criança, uma mulher, uma mãe de família, um homem, um pai, um chefe, um professor primário, um policial, não falam uma língua em geral, mas uma língua cujos traços significantes são indexados nos traços de rostidade específicos. Os rostos não são primeiramente individuais, eles definem zonas de frequência ou de probabilidade, delimitam um campo que neutraliza antecipadamente as expressões e conexões rebeldes às significações conformes. Do mesmo modo, a forma da subjetividade, consciência ou paixão, permaneceria absolutamente vazia se os rostos não formassem lugares de ressonância que selecionam o real mental ou sentido, tornando-o antecipadamente conforme a uma realidade dominante. O rosto é, ele mesmo, redundância. E faz ele mesmo redundância com as redundâncias de significância ou frequência, e também com as de ressonância ou de subjetividade. O rosto constrói o muro do qual o significante necessita para ricochetear, constitui o muro do significante, o quadro ou a tela. O rosto escava o buraco de que a subjetivação necessita para atravessar, constitui o buraco negro da subjetividade como consciência ou paixão, a câmera, o terceiro olho.

Ou será preciso dizer as coisas de outro modo? Não é exatamente o rosto que constitui o muro do significante, nem o buraco da subjetividade. O rosto, pelo menos o rosto concreto, começaria a se esboçar vagamente *sobre* o muro branco. Começaria a aparecer vagamente *no* buraco negro. O close do rosto no cinema tem como que dois polos: fazer com que o rosto reflita a luz ou, ao contrário, acentuar suas sombras até mergulhá-lo "em uma impiedosa obscuridade".[1] Um psicólogo dizia que o rosto é um percepto visual que se cristaliza a partir "de diversas variedades de luminosidades vagas, sem forma nem dimensão". Sugestiva brancura, buraco capturador, rosto. O buraco negro sem dimensão, o muro branco sem forma já estariam, antes de tudo, presentes. E nesse sistema muitas combinações já seriam possíveis: ou os buracos negros se distribuem no muro branco, ou o muro branco se afila e vai em direção a um buraco negro que os reúne todos, precipita-os ou "aglutina-os". Ora rostos aparecem no muro, com seus buracos; ora aparecem no buraco, com seu muro linearizado, espiralado. Conto de terror, mas o rosto é um conto de terror. É certo que *[207]* o significante não constrói sozinho o muro que lhe é necessário; é certo que a subjetividade não escava sozinha seu buraco. Mas tampouco estão completamente prontos os rostos concretos que poderíamos nos atribuir. Os rostos concretos nascem de uma *máquina abstrata de rostidade*, que irá produzi-los ao mesmo tempo que der ao significante seu muro branco, à subjetividade seu buraco negro. O sistema buraco negro-muro branco não seria então já um rosto, seria a máquina abstrata que o produz, segundo as combinações deformáveis de suas engrenagens. Não esperemos que a máquina abstrata se pareça com o que ela produziu, com o que irá produzir.

A máquina abstrata surge quando não a esperamos, nos meandros de um adormecimento, de um estado crepuscular, de uma alucinação, de uma experiência de física curiosa... A novela de Kafka, *Blumfeld*: o celibatário chega em casa à noite e encontra duas pequenas bolas de pingue-pongue que saltam sozinhas sobre o "muro" do assoalho, ricocheteiam por toda a parte, tentam até mesmo atingir-lhe o rosto, e parecem conter outras bolas elétricas ainda menores. Blumfeld consegue finalmente encerrá-las no buraco negro de um cubículo. A cena continua no dia seguinte quando Blumfeld tenta dar as bolas a um garotinho débil e a duas meninas careteiras, depois no escritório, onde ele encontra seus dois estagiários careteiros e débeis que querem se apoderar de uma vassoura. Em um admirável balé de Debussy e Ni-

---

[1] Josef von Sternberg, *Souvenirs d'un montreur d'ombres*, Paris, Laffont, 1966, pp. 342-3.

Ano zero — Rostidade

jinsky, uma pequena bola de tênis vem ricochetear na cena ao crepúsculo; uma outra surgirá da mesma forma no final. Entre as duas, dessa vez, duas jovens e um rapaz que as observam desenvolvem seus traços passionais de dança e de rosto sob luminosidades vagas (curiosidade, despeito, ironia, êxtase).[2] Não há nada a explicar, nada a interpretar. Pura máquina abstrata de estado crepuscular. Muro branco-buraco negro? Mas, segundo as combinações, é igualmente possível que o muro seja negro e o buraco seja branco. As bolas podem ricochetear em um muro, ou escoar em um buraco. Elas podem mesmo, em seu impacto, ter um papel relativo de buraco em relação ao muro, bem como, em seu percurso afilado, ter um papel relativo de muro em relação ao buraco para o qual elas se dirigem. Circulam no sistema muro branco-buraco negro. Nada se assemelha aqui a um rosto, e entretanto os rostos se distribuem em todo o sistema, os traços de rostidade se organizam. E entretanto ainda, essa máquina abstrata pode certamente funcionar em outra coisa que não rostos; mas não em qualquer ordem, nem sem razões necessárias. *[208]*

A psicologia americana se ocupou bastante do rosto, principalmente na relação da criança com sua mãe, *eye-to-eye contact*. Máquina de quatro olhos? Relembremos certas etapas nessas pesquisas: 1) os estudos de Isakower sobre o adormecimento, onde sensações ditas proprioceptivas, manuais, bucais, cutâneas, ou mesmo vagamente visuais, remetem à relação infantil boca-seio; 2) a descoberta de Lewin de uma *tela branca* do sonho, comumente recoberta pelos conteúdos visuais, mas que permanece branca quando o sonho só tem como conteúdo sensações proprioceptivas (essa tela ou esse muro branco seria ainda o seio se aproximando, aumentando, se achatando); 3) a interpretação de Spitz segundo a qual a tela branca não deixa de ser já um percepto visual, implicando um mínimo de distância, e que fará aparecer, por esse motivo, o rosto materno pelo qual a criança se guia para pegar o seio, ainda mais porque não representa o próprio seio como objeto de sensação táctil ou de contato. Haveria então combinação de dois tipos de elementos bastante diferentes: as sensações proprioceptivas manuais, bucais e cutâneas; a percepção visual do rosto

---

[2] Sobre esse balé, cf. o *Debussy* de Jean Barraqué (Paris, Seuil, 1962), que cita o texto do prólogo, pp. 166-71.

visto de frente sobre a tela branca, com o esboço dos olhos como buracos negros. Essa percepção visual assume rapidamente uma importância decisiva em relação ao ato de se alimentar, em relação ao seio como volume e à boca como cavidade experimentados tatilmente.[3]

Podemos então propor a seguinte distinção: o rosto faz parte de um sistema superfície-buracos, superfície esburacada. Mas esse sistema não deve sobretudo ser confundido com o sistema volume-cavidade, próprio do corpo (proprioceptivo). A cabeça está compreendida no corpo, mas não o rosto. O rosto é uma superfície: traços, linhas, rugas do rosto, rosto comprido, quadrado, triangular; o rosto é um mapa, mesmo se aplicado sobre um volume, envolvendo-o, mesmo se cercando e margeando cavidades que não existem mais senão como buracos. Mesmo humana, a cabeça não é forçosamente um rosto. O rosto só se produz quando a cabeça deixa de fazer parte do corpo, quando para de ser codificada pelo corpo, quando ela mesma para de ter um código corporal plurívoco multidimensional — quando o corpo, incluindo a cabeça, se encontra descodificado e deve ser *sobre-codificado* por algo que denominaremos Rosto. É o mesmo que dizer que a cabeça, que todos os elementos volume-cavidade da cabeça devem ser rostificados. Eles o serão pela tela esburacada, pelo muro branco-buraco negro, a máquina abstrata que irá produzir rosto. *[209]* Mas a operação não para aí: a cabeça e seus elementos não serão rostificados sem que o corpo inteiro não o possa ser, não seja levado a sê-lo, em um processo inevitável. A boca e o nariz, e antes de tudo os olhos, não devêm uma superfície esburacada sem convocar todos os outros volumes e todas as outras cavidades do corpo. Operação digna do Dr. Moreau: horrível e esplêndida. A mão, o seio, o ventre, o pênis e a vagina, a coxa, a perna e o pé serão rostificados. O fetichismo, a erotomania, etc., são inseparáveis desses processos de rostificação. Não se trata absolutamente de tomar uma parte do corpo para fazê-la *assemelhar-se* a um rosto, ou representar um rosto de sonho como em uma nuvem. Nenhum antropomorfismo. A rostificação não

---

[3] Cf. Otto Isakower, "Contribution à la psychopathologie des phénomènes associés à l'endormissement", *Nouvelle Revue de Psychanalyse*, nº 5, 1972; Kurt Lewin, "Le Sommeil, la bouche et l'écran du rêve", *ibid.*; René Arpad Spitz, *De la naissance à la parole*, Paris, PUF, 1979, pp. 57-63.

opera por semelhança, mas por ordem de razões. É uma operação muito mais inconsciente e maquínica que faz passar todo o corpo pela superfície esburacada, e onde o rosto não tem o papel de modelo ou de imagem, mas o de sobrecodificação para todas as partes descodificadas. Tudo permanece sexual, nenhuma sublimação, mas novas coordenadas. *É precisamente porque o rosto depende de uma máquina abstrata que ele não se contentará em recobrir a cabeça*, mas afetará as outras partes do corpo, e mesmo, se necessário, outros objetos sem semelhança. *Consequentemente, a questão é a de saber em que circunstâncias essa máquina é desencadeada*, produzindo rosto e rostificação. Se a cabeça, mesmo humana, não é obrigatoriamente rosto, o rosto é produzido na humanidade, mas por uma necessidade que não é a dos homens "em geral". O rosto não é animal, mas tampouco é humano em geral, há mesmo algo de absolutamente inumano no rosto. É um erro agir como se o rosto só devisse humano a partir de um determinado limiar: close, aumento exagerado, expressão insólita, etc. O rosto é inumano no homem, desde o início; ele é por natureza close, com suas superfícies brancas inanimadas, seus buracos negros brilhantes, seu vazio e seu tédio. Rosto-*bunker*. A tal ponto que, se o homem tem um destino, esse será mais o de escapar ao rosto, desfazer o rosto e as rostificações, devir imperceptível, devir clandestino, não por um retorno à animalidade, nem mesmo pelos retornos à cabeça, mas por devires-animais muito espirituais e muito especiais, por estranhos devires que certamente ultrapassarão o muro e sairão dos buracos negros, que farão com que os próprios *traços de rostidade* se subtraiam enfim à organização do rosto, não se deixem mais subsumir pelo rosto, sardas que escoam no horizonte, cabelos levados pelo vento, olhos que atravessamos ao invés de nos vermos neles, ou ao invés de olhá-los no morno face a face das subjetividades significantes. "Eu não olho mais nos olhos da mulher que tenho em meus braços, mas os *[210]* atravesso nadando, cabeça, braços e pernas por inteiro, e vejo que por detrás das órbitas desses olhos se estende um mundo inexplorado, mundo de coisas futuras, e desse mundo toda lógica está ausente. (...) Quebrei o muro (...), meus olhos não me servem para nada, pois só me remetem à imagem do conhecido. Meu corpo inteiro deve se tornar raio perpétuo de luz, movendo-se a uma velocidade sempre maior, sem descanso, sem volta, sem fraqueza. (...) *Selo então meus ouvidos, meus olhos, meus lábios*".[4] CsO. Sim, o rosto tem um grande porvir, com a condição de ser destruído, desfeito. A caminho do a-significante, do a-subjetivo. Mas ainda não explicamos nada do que sentimos.

Do sistema corpo-cabeça ao sistema rosto, não há evolução, não há estados genéticos. Nem posições fenomenológicas. Nem integrações de objetos parciais, com organizações estruturais ou estruturantes. Tampouco remissão a um sujeito que já estaria presente, ou seria conduzido a sê-lo, sem passar por essa máquina própria de rostidade. Na literatura do rosto, o texto de Sartre acerca do olhar e o de Lacan acerca do espelho erram ao remeter a uma forma de subjetividade, de humanidade refletida em um campo fenomenológico, ou clivado em um campo estrutural. *Mas o olhar é apenas segundo em relação aos olhos sem olhar, ao buraco negro da rostidade. O espelho é apenas segundo em relação ao muro branco da rostidade.* Tampouco falaremos de eixo genético, nem de integração de objetos parciais. O pensamento dos estágios na ontogênese é um pensamento de arbítrio: acreditamos que o mais rápido é primeiro, podendo servir de base ou de trampolim ao que se segue. Quanto aos objetos parciais, é um pensamento ainda pior o de um experimentador demente que decepa, corta, anatomiza em todos os sentidos, podendo costurar novamente de qualquer jeito. Pode-se fazer uma lista qualquer de objetos parciais: a mão, o seio, a boca, os olhos... Não se sai de Frankenstein. Não temos que considerar órgãos sem corpo, corpo despedaçado, mas primeiramente um corpo sem órgãos, animado por diferentes movimentos intensivos que determinarão a natureza e o lugar dos órgãos em questão, que farão desse corpo um organismo, ou mesmo um sistema de estratos do qual o organismo não é senão uma parte. De súbito, o movimento mais lento não é o menos intenso, nem o último a se produzir ou a ocorrer. E o mais rápido pode já convergir para ele, se conectar com ele, no desequilíbrio de um desenvolvimento dissincrônico de estratos entretanto simultâneos, de velocidades diferentes, sem sucessão de estágios. O corpo não é questão de objetos parciais, mas de velocidades diferenciais. *[211]*

[4] Henry Miller, *Tropique du Capricorne*, Paris, Éditions du Chêne, 1946, pp. 177-9.

Esses movimentos são movimentos de desterritorialização. São eles que "dão" ao corpo um organismo, animal ou humano. Por exemplo, a mão apreensora implica uma desterritorialização *relativa* não apenas da pata anterior, mas da mão locomotora. Ela mesma possui um correlato, que é o objeto de uso ou ferramenta: o bastão como galho desterritorializado. O seio da mulher em postura vertical indica uma desterritorialização da glândula mamária animal; a boca da criança, dotada de lábios por arregaçamento da mucosa para o exterior, marca uma desterritorialização da goela ou da boca animais. E lábios-seios, cada um serve de correlato ao outro.[5] A cabeça humana implica uma desterritorialização em relação ao animal, ao mesmo tempo em que tem por correlato a organização de um mundo como meio ele mesmo desterritorializado (a estepe é o primeiro "mundo" em oposição ao meio florestal). Mas o rosto representa, por sua vez, uma desterritorialização muito mais intensa, mesmo que mais lenta. Poder-se-ia dizer que é uma desterritorialização *absoluta*: deixa de ser relativa, porque faz sair a cabeça do estrato de organismo — humano não menos que animal — para conectá-la a outros estratos como os de significância ou de subjetivação. Ora, o rosto possui um correlato de uma grande importância, a paisagem, que não é somente um meio mas um mundo desterritorializado. Múltiplas são as correlações rosto-paisagem, nesse nível "superior". A educação cristã exerce ao mesmo tempo o controle espiritual da rostidade e da paisageidade: componham tanto uns como os outros, coloram-nos, completem-nos, arranjem-nos, em uma complementaridade em que paisagens e rostos se repercutem.[6] Os manuais de rosto e de paisagem formam uma pe-

[5] Hermann Klaatsch, "L'Évolution du genre humain", em *L'Univers et l'humanité*, por H. Kraemer, t. II: "É em vão que tentamos encontrar um traço de contorno vermelho dos lábios nos jovens chimpanzés vivos que, no mais, assemelham-se tanto ao homem. (...) Como seria o rosto mais gracioso de uma jovem se a boca aparecesse como uma risca entre duas bordas brancas? (...) Por outro lado, a região peitoral no antropoide apresenta os dois mamilos das glândulas mamárias, mas jamais se formam aí as bolsas de gordura comparáveis aos seios". E a fórmula de Emile Devaux, *Trois problèmes: l'espèce, l'instinct, l'homme*, Paris, Le François, 1933, p. 264: "Foi a criança que fez o seio da mulher e foi a mãe que fez os lábios da criança".

[6] Os exercícios de rosto desempenham um papel essencial nos princípios pe-

dagogia, severa disciplina, e que inspira as artes assim como estas a inspiram. A arquitetura situa seus conjuntos, casas, vilarejos ou *[212]* cidades, monumentos ou fábricas, que funcionam como rostos, em uma paisagem que ela transforma. A pintura retoma o mesmo movimento, mas o inverte também, colocando uma paisagem em função do rosto, tratando de um como do outro: "tratado do rosto e da paisagem". O close de cinema trata, antes de tudo, o rosto como uma paisagem, ele se define assim: buraco negro e muro branco, tela e câmera. Mas já as outras artes, a arquitetura, a pintura, até o romance: close que os anima inventando todas as correlações. E sua mãe é uma paisagem ou um rosto? Um rosto ou uma fábrica? (Godard). Não há rosto que não envolva uma paisagem desconhecida, inexplorada, não há paisagem que não se povoe de um rosto amado ou sonhado, que não desenvolva um rosto por vir ou já passado. Que rosto não evocou as paisagens que amalgamava, o mar e a montanha, que paisagem não evocou o rosto que a teria completado, que lhe teria fornecido o complemento inesperado de suas linhas e de seus traços? Mesmo quando a pintura devém abstrata, ela não faz senão reencontrar o buraco negro e o muro branco, a grande composição da tela branca e da fenda negra. Dilaceramento mas também estiramento da tela por eixo de fuga, ponto de fuga, diagonal, golpes de faca, fenda ou buraco: a máquina já está aí, funciona sempre, produzindo rostos e paisagens, mesmo as mais abstratas. Ticiano começava pintando preto e branco, não para formar contornos para serem preenchidos, mas como matriz de cada cor por vir.

O romance — *Perceval viu um voo de gansos selvagens que a neve havia ofuscado. (...) O falcão encontrou um deles, abandonado, desse bando. Atingiu-o, chocou-se contra ele com tanta força que o derrubou. (...) E Perceval vê a seus pés a neve em que o ganso se colocara e o sangue ainda aparente. E ele se apoia em sua lança a fim*

---

dagógicos de J.-B. de la Salle. Mas já Inácio de Loyola havia acrescentado a seu ensino exercícios de paisagem ou "composições de lugar", referentes à vida de Cristo, ao inferno, ao mundo, etc.: trata-se, como diz Barthes, de imagens esqueléticas subordinadas a uma linguagem, mas também de esquemas ativos a serem completados, coloridos, tais como serão encontrados nos catecismos e manuais religiosos.

Ano zero — Rostidade

de contemplar a visão do sangue e da neve juntos. Essa cor fresca lhe parece a do rosto de sua amiga. Ele esquece tudo enquanto pensa nela, pois fora exatamente assim que havia visto, no rosto de sua amada, o vermelho colocado sobre o branco como as três gotas de sangue sobre a neve surgiam. (...) Vimos um cavaleiro que dorme sentado sobre sua montaria. Está tudo aí: a redundância própria ao rosto e à paisagem, o muro branco de neve da paisagem-rosto, o buraco negro do falcão ou das três gotas distribuídas sobre o muro; ou antes, ao mesmo tempo, a linha prateada da paisagem-rosto que escoa em direção ao buraco negro do cavaleiro, profunda catatonia. E será que, em determinadas circunstâncias, o cavaleiro não poderá levar o movimento cada vez para mais longe, atravessando o buraco negro, furando o muro branco, desfazendo o rosto, mesmo se a tentativa fracassa?[7] Nada disso marca absolutamente *[213]* o fim do gênero romanesco, mas nele está presente desde o início, como parte essencial. É falso ver em *Dom Quixote* o fim do romance de cavalaria, invocando as alucinações, os lapsos, os estados hipnóticos ou catalépticos do herói. É falso ver nos romances de Beckett o fim do romance em geral, invocando seus buracos negros, a linha de desterritorialização dos personagens, os passeios esquizofrênicos de Molloy ou do Inominável, sua perda de nome, de memória ou de projeto. Há uma evolução do romance, mas ela certamente não se situa aí. O romance não parou de se definir pela aventura de personagens perdidos, que não sabem mais seu nome, o que procuram ou o que fazem, amnésicos, atáxicos, catatônicos. São eles que fazem a diferença entre o gênero romanesco e os gêneros dramáticos ou épicos (quando o herói épico ou dramático é tomado de loucura, de esquecimento, etc... ele o é de uma maneira completamente diferente). *La Princesse de Clèves* é um romance exa-

[7] Chrétien de Troyes, *Perceval ou le roman du Graal*, Paris, Gallimard, Folio, 1974, pp. 110-1. No romance de Malcolm Lowry, *Ultramarine* (Paris, Denoël, 1965, pp. 182-96), encontra-se uma cena semelhante, dominada pela "maquinaria" do barco: uma pomba se afoga na água infestada de tubarões, "folha vermelha caída em uma torrente branca" e que evocará irresistivelmente um rosto sangrento. A cena de Lowry é envolta em elementos tão diferentes, organizada tão especialmente, que não há qualquer influência, mas apenas encontro com a cena de Chrétien de Troyes. Isto é mais uma confirmação de uma verdadeira máquina abstrata buraco negro ou mancha vermelha-muro branco (neve ou água).

tamente pela razão que pareceu paradoxal aos contemporâneos: os estados de ausência ou de "repouso", as sonolências que se apossam dos personagens. Há sempre uma educação cristã no romance. Molloy é o início do gênero romanesco. Quando o romance começa, por exemplo com Chrétien de Troyes, começa pelo personagem essencial que o acompanhará em todo seu curso: o cavaleiro do romance cortês passa seu tempo esquecendo seu nome, o que faz, o que lhe dizem, não sabe para onde vai nem com quem fala, não para de traçar uma linha de desterritorialização absoluta, mas também de nela perder seu caminho, de se deter e de cair em buracos negros. "Ele anseia por cavalaria e aventura". Em qualquer página de Chrétien de Troyes, encontra-se um cavaleiro catatônico sentado em seu cavalo, apoiado em sua lança, que espera, que vê na paisagem o rosto de sua bela, e que deve ser golpeado para que responda. Lancelot, diante do rosto branco da rainha, não sente seu cavalo entrar no rio; ou ele sobe em uma carroça que passa, só que é a carroça da infâmia. Há um conjunto rosto-paisagem que pertence ao romance, e no qual ora os buracos negros se distribuem sobre um muro branco, ora a linha branca do horizonte escoa em direção a um buraco negro, e os dois ao mesmo tempo. *[214]*

TEOREMAS DE DESTERRITORIALIZAÇÃO OU PROPOSIÇÕES MAQUÍNICAS

1º teorema: Jamais nos desterritorializamos sozinhos, mas no mínimo com dois termos: mão-objeto de uso, boca-seio, rosto-paisagem. E cada um dos dois termos se reterritorializa sobre o outro. De forma que não se deve confundir a reterritorialização com o retorno a uma territorialidade primitiva ou mais antiga: ela implica necessariamente um conjunto de artifícios pelos quais um elemento, ele mesmo desterritorializado, serve de territorialidade nova ao outro que também perdeu a sua. Daí todo um sistema de reterritorializações horizontais e complementares, entre a mão e a ferramenta, a boca e o seio, o rosto e a paisagem. *2º teorema*: De dois elementos ou movimentos de desterritorialização, o mais rápido não é forçosamente o mais intenso ou o mais desterritorializado. A intensidade de desterritorialização não deve ser confundida com a velocidade de movimento ou de desenvolvimento. De forma que o mais rápido conecta sua intensidade com a intensidade do mais lento, a qual, enquanto intensidade, não o sucede, mas trabalha simultaneamente sobre um outro estrato ou sobre um outro plano. É assim que a relação seio-boca já se guia por um plano de rostidade. *3° teorema*: Pode-se mesmo concluir daí que o *menos* desterritorializado se reterritorializa sobre o *mais* desterritorializado. Surge aqui um segundo sistema de reterritorializações, vertical, de baixo para cima. É nesse sentido que não apenas a boca, mas o seio, a mão, o corpo inteiro, a própria ferramenta, são "rostificados". Em regra geral, as desterritorializações relativas (transcodificação) se reterritorializam sobre uma desterritorialização absoluta em determinado aspecto (sobrecodificação). Ora, vimos que a desterritorialização da cabeça em rosto era absoluta, ainda que permanecesse negativa, visto que passava de um estrato a outro, do estrato de organismo aos de significância ou de subjetivação. A mão, o seio se reterritorializam sobre o rosto, na paisagem: eles são rostificados ao mesmo tempo que paisageificados. Mesmo um objeto de uso será rostificado: sobre uma casa, um utensílio ou um objeto, sobre uma roupa, etc., dir-se-á que eles *me olham*, não porque se assemelhem a um rosto, mas porque estão presos ao processo muro branco-buraco negro, porque se conectam à máquina abstrata de rostificação. O close do cinema refere-se tanto a uma faca, a uma xícara, a um relógio, a uma chaleira quanto a um rosto ou a um elemento de rosto; por exemplo, com Griffith, a chaleira que me olha. Não é lícito então dizer que há closes de romance, como quando Dickens escreve a primeira frase do *Crickett on the Hearth*: "Foi a chaleira que *[215]* começou...",[8] e,

---

[8] Serguei Eisenstein, *Film Form*, Nova York, Meridien Books, 1957, pp. 194-9: "Foi a chaleira que começou... A primeira frase de Dickens em *The Crickett on the Hearth*. O que poderia haver de mais distante dos filmes? Porém, por mais estranho que pareça, o cinema também se pôs a ferver nessa chaleira. (...) A partir do momento em que reconhecemos aí um close típico, exclamamos: É puro Griffith, evidentemente... Essa chaleira é um close tipicamente griffitiano. Um close saturado dessa atmosfera à Dickens com a qual Griffith, com igual maestria, pôde cercar a figura austera da vida em *Way Down East*, e a figura moral congelada dos personagens, que impelia a culpada Ana sobre a superfície móvel de um bloco de gelo que bascula" (encontra-se aqui o muro branco).

na pintura, quando uma natureza morta devém de dentro um rosto-paisagem, ou quando um utensílio, uma xícara sobre a toalha, um bule, são rostificados, em Bonnard, Vuillard? *4° teorema*: A máquina abstrata não se efetua então apenas nos rostos que produz, mas, em diversos graus, nas partes do corpo, nas roupas, nos objetos que ela rostifica segundo uma ordem das razões (não uma organização de semelhança).

A questão, contudo, permanece: quando é que a máquina abstrata de rostidade entra em jogo? Quando é desencadeada? Tomemos exemplos simples: o poder maternal que passa pelo rosto durante o próprio aleitamento; o poder passional que passa pelo rosto do amado, mesmo nas carícias; o poder político que passa pelo rosto do chefe, bandeirolas, ícones e fotos, e mesmo nas ações da massa; o poder do cinema que passa pelo rosto da estrela e o close, o poder da televisão... O rosto não age aqui como individual, é a individuação que resulta da necessidade de que haja rosto. O que conta não é a individualidade do rosto, mas a eficácia da cifração que ele permite operar, e em quais casos. Não é questão de ideologia, mas de economia e de organização de poder. Não dizemos certamente que o rosto, a potência do rosto, engendra o poder e o explica. Em contrapartida, *determinados agenciamentos de poder têm necessidade de produção de rosto*, outros não. Se consideramos as sociedades primitivas, poucas coisas passam pelo rosto: sua semiótica é não-significante, não-subjetiva, essencialmente coletiva, plurívoca e corporal, apresentando formas e substâncias de expressão bastante diversas. A plurivocidade passa pelos corpos, seus volumes, suas cavidades internas, suas conexões e coordenadas exteriores variáveis (territorialidades). Um fragmento de semiótica manual, uma sequência manual, se coordena sem subordinação nem unificação a uma sequência oral, ou cutânea, ou rítmica, etc. Lizot mostra, por exemplo, como "a dissociação do dever, do rito e da vida cotidiana é quase perfeita (...), estranha, inconcebível a nossos espíritos": em um *[216]* comportamento de luto alguns dizem gracejos obscenos enquanto outros choram; ou um indiano para bruscamente de chorar para consertar sua flauta; ou todo mundo dorme.[9]

[9] Jacques Lizot, *Le Cercle des feux*, Paris, Seuil, 1976, pp. 34 ss.

Ano zero — Rostidade

O mesmo ocorre com o incesto, não há proibição do incesto, há sequências incestuosas que se conectam com sequências de proibição de acordo com determinadas coordenadas. As pinturas, as tatuagens, as marcas na pele consagram a multidimensionalidade dos corpos. Mesmo as máscaras asseguram a pertença da cabeça ao corpo mais do que enaltecem um rosto. Não há dúvida de que profundos movimentos de desterritorialização se operam, agitando as coordenadas do corpo e delineando agenciamentos particulares de poder; entretanto, colocam o corpo em conexão não com a rostidade, mas com devires animais, especialmente com o auxílio de drogas. Sem dúvida não existe menos espiritualidade: pois os devires-animais referem-se a um Espírito animal, espírito-jaguar, espírito-pássaro, espírito-ocelote, espírito-tucano, que se apoderam do interior do corpo, entram em suas cavidades, preenchem os volumes, ao invés de lhe criar um rosto. Os casos de possessão expressam uma relação direta das Vozes com o corpo, não com o rosto. As organizações de poder do xamã, do guerreiro, do caçador, frágeis e precárias, são ainda mais espirituais porque passam pela corporeidade, pela animalidade, pela vegetabilidade. Quando dissemos que a cabeça humana pertencia ainda ao estrato de organismo, evidentemente não recusávamos a existência de uma cultura e de uma sociedade; dizíamos apenas que os códigos dessas culturas e dessas sociedades se referem aos corpos, à pertença das cabeças aos corpos, à aptidão do sistema corpo-cabeça para *devir*, para receber almas, recebê-las como amigas e repelir as almas inimigas. Os "primitivos" podem ter as cabeças mais humanas, as mais belas e mais espirituais; eles não têm rosto e não precisam dele.

A razão disso é simples. O rosto não é um universal, nem mesmo o do homem branco; é o próprio Homem branco, com suas grandes bochechas e o buraco negro dos olhos. O rosto é o Cristo. O rosto é o europeu típico, é o que Ezra Pound denominava o homem sensual qualquer, em suma o Erotômano ordinário (os psiquiatras do século XIX tinham razão em dizer que a erotomania, diferentemente da ninfomania, permanecia frequentemente pura e casta; é porque ela passa pelo rosto e pela rostificação). Não é universal, mas *facies totius universi*. Jesus *superstar*: ele inventa a rostificação de todo o corpo e a *[217]* transmite por toda a parte (a Paixão de Joana D'Arc, em close). O rosto é assim uma ideia completamente particular em sua natureza, o que não o impede de ter adquirido e de exercer uma função mais geral. É uma função de biunivocização, de binarização. Existem aí dois aspectos: a máquina abstrata de rostidade, tal como é composta por buraco negro-muro branco, funciona de duas maneiras: uma concerne às unidades ou elementos, a outra às escolhas. De acordo com o primeiro aspecto, o buraco negro age como um computador central, Cristo, terceiro olho, que se desloca no muro ou na tela branca como superfície geral de referência. Qualquer que seja o conteúdo que se lhe atribua, a máquina procederá à constituição de uma unidade de rosto, de um rosto elementar em correlação biunívoca com um outro: é um homem *ou* uma mulher, um rico ou um pobre, um adulto ou uma criança, um chefe ou um subalterno, "um x *ou* um y". O deslocamento do buraco negro na tela, o percurso do terceiro olho na superfície de referência constitui tanto dicotomias e arborescências como máquinas com quatro olhos que são rostos elementares ligados dois a dois. Rosto de professora e de aluno, de pai e de filho, de operário e de patrão, de policial e de cidadão, de acusado e de juiz ("o juiz tinha um ar severo, seus olhos não possuíam horizonte..."): os rostos concretos individuados se produzem e se transformam em torno dessas unidades, dessas combinações de unidades, como esse rosto de uma criança rica no qual já se discerne a vocação militar, a nuca de um aluno da escola militar de Saint-Cyr. Introduzimo-nos em um rosto mais do que possuímos um.

De acordo com o outro aspecto, a máquina abstrata de rostidade assume um papel de resposta seletiva ou de escolha: dado um rosto concreto, a máquina julga se ele passa ou não passa, se vai ou não vai, segundo as unidades de rostos elementares. A correlação binária dessa vez é do tipo "sim-não". O olho vazio do buraco negro absorve ou rejeita, como um déspota parcialmente corrompido faz ainda um sinal de aquiescência ou de recusa. Um certo rosto de professora é percorrido por tiques e se cobre de uma ansiedade que faz com que chegue ao ponto de "não dá mais!". Um acusado, um subalterno apresentam uma submissão tão afetada que devém insolência. Ou antes: muito polida para ser honesta. Tal rosto não é nem o de um homem nem o de uma mulher. Ou ainda não é nem um pobre nem um rico, será um desclassificado que perdeu sua fortuna? A cada instante, a máquina rejeita rostos não-conformes ou com ares suspeitos. Mas somente em certo nível de escolha. Pois será necessário produzir sucessivamente desvios padrão de desviança para tudo aquilo que escapa às correlações biunívocas, e instaurar relações binárias entre o que é aceito em uma primeira escolha e o que não é tolerado em uma segunda, em uma terceira, etc. O muro branco não para de crescer, *[218]* ao mesmo tempo que o buraco negro funciona várias vezes. A professora ficou louca; mas a loucura é um rosto conforme de *enésima* escolha (entretanto, não o último, visto que existem ainda rostos de loucos não-conformes à loucura tal como supomos que ela deva ser). Ah, não é nem um homem nem uma mulher, é um travesti: a relação binária se estabelece entre o "não" de primeira categoria e um "sim" de categoria seguinte que tanto pode marcar uma tolerância sob certas condições quanto indicar um inimigo que é necessário abater a qualquer preço. De qualquer modo, você foi reconhecido, a máquina abstrata inscreveu você no conjunto de seu quadriculado. Compreende-se que, em seu novo papel de detector de desviâncias, a máquina de rostidade não se contenta com casos individuais, mas procede de modo tão geral quanto em seu primeiro papel de ordenação de normalidades. Se o rosto é o Cristo, quer dizer o Homem branco médio qualquer, as primeiras desviâncias, os primeiros desvios padrão são raciais: o homem amarelo, o homem negro, homens de segunda ou terceira categoria. Eles também serão inscritos no muro, distribuídos pelo buraco. Devem ser cristianizados, isto é, rostificados. O racismo europeu como pretensão do homem branco nunca procedeu por exclusão nem atribuição de alguém designado como Outro: seria antes nas sociedades primitivas que se apreenderia o estrangeiro como um "outro".[10] O racismo procede por determinação das variações de desviâncias, em função do rosto Homem branco que pretende integrar em ondas cada vez mais excêntricas e retardadas os traços que não são conformes, ora para tolerá-los em determinado lugar e em determinadas condições, em certo gueto, ora para apagá-los no muro que jamais suporta a alteridade (é um judeu, é um árabe, é um negro, é um

---

[10] Sobre a apreensão do estrangeiro como Outro, cf. André-Georges Haudricourt, "L'Origine des clones et des clans", *L'Homme*, vol. 1, n° 1, jan. 1964, pp. 98-102. E Robert Jaulin, *Gens du soi, gens de l'autre*, Paris, 10-18, 1973 (prefácio, p. 20).

louco..., etc.). Do ponto de vista do racismo, não existe exterior, não existem as pessoas de fora. Só existem pessoas que deveriam ser como nós, e cujo crime é não o serem. A cisão não passa mais entre um dentro e um fora, mas no interior das cadeias significantes simultâneas e das escolhas subjetivas sucessivas. O racismo jamais detecta as partículas do outro, ele propaga as ondas do mesmo até à extinção daquilo que não se deixa identificar (ou que só se deixa identificar a partir de tal ou qual desvio). Sua crueldade só se iguala a sua incompetência ou a sua ingenuidade.

De uma maneira mais alegre, a pintura utilizou-se de todos os recursos do Cristo-rosto. Serviu-se da máquina abstrata de rostidade, *[219]* muro branco-buraco negro, em todos os sentidos para produzir com o rosto do Cristo todas as unidades de rosto, mas também todas as variações de desviança. Há um júbilo da pintura a esse respeito, da Idade Média ao Renascimento, como uma liberdade desenfreada. Não apenas o Cristo preside à rostificação de todo o corpo (seu próprio corpo), à paisagificação de todos os meios (seus próprios meios), mas compõe todos os rostos elementares, e dispõe de todos os desvios: Cristo-atleta de mercado, Cristo-maneirista pederasta, Cristo-negro, ou pelo menos Virgem negra à margem do muro. As maiores loucuras aparecem na tela, através do código católico. Um único exemplo dentre tantos outros: sobre o fundo branco de paisagem, e buraco azul-escuro do céu, o Cristo crucificado, devindo máquina pipa, envia, por meio de raios, estigmas a São Francisco; os estigmas operam a rostificação do corpo do santo, à imagem do de Cristo; mas igualmente os raios que trazem os estigmas ao santo são os fios pelos quais este movimenta a pipa divina. É sob o signo da cruz que se soube triturar o rosto em todos os sentidos, bem como os processos de rostificação.

A teoria da informação apresenta um conjunto homogêneo de mensagens *significantes* totalmente prontas que já são tomadas como elementos em correlações biunívocas, ou cujos elementos são organizados de uma mensagem a outra de acordo com essas correlações. Em segundo lugar, a tiragem de uma combinação depende de um certo número de escolhas binárias *subjetivas* que aumentam proporcionalmente ao número de elementos. Mas a questão é: toda essa biunivocização, toda essa binarização (que não depende apenas, como se diz, de uma maior facilidade para o cálculo) já supõem a apresentação de um muro ou de uma tela, a instalação de um buraco central ordenador, sem os quais nenhuma mensagem seria discernível, nenhuma escolha efetuável. É preciso que o sistema buraco negro-muro branco quadricule todo o espaço, delineie suas arborescências ou suas dicotomias, para que o significante e a subjetividade possam apenas tornar concebível a possibilidade das suas. A semiótica mista de significância e de subjetivação necessita singularmente ser protegida contra qualquer intrusão do fora. É preciso mesmo que não haja mais exterior: nenhuma máquina nômade, nenhuma plurivocidade primitiva deve surgir, com suas combinações de substâncias de expressão heterogêneas. É preciso uma única substância de expressão como condição de qualquer traduzibilidade. Só se podem constituir cadeias significantes procedendo por elementos discretos, digitalizados, desterritorializados, com a condição de dispor de uma tela semiológica, de um muro que os proteja. Só se podem operar escolhas subjetivas entre duas cadeias ou a cada ponto de uma cadeia, com a condição de que nenhuma tempestade *[220]* exterior arraste as cadeias e os sujeitos. Só se pode formar uma trama de subjetividades se se possui um olho central, buraco negro que capturaria tudo o que excedesse, tudo o que transformasse os afetos atribuídos não menos do que as significações dominantes. Além disso, é absurdo acreditar que a linguagem enquanto tal possa veicular uma mensagem. Uma língua está sempre presa a rostos que anunciam os enunciados dela, que os lastreiam em relação aos significantes em curso e aos sujeitos concernidos. É pelos rostos que as escolhas se guiam e que os elementos se organizam: a gramática comum nunca é separável de uma educação dos rostos. O rosto é um verdadeiro porta-voz. Não é portanto apenas a máquina abstrata de rostidade que deve fornecer uma tela protetora e um buraco negro ordenador, são os rostos que ela produz que traçam todos os tipos de arborescências e de dicotomias, sem as quais o significante e o subjetivo não poderiam fazer funcionar aquelas que retornam a eles na linguagem. E sem dúvida as binariedades e biunivocidades de rosto não são as mesmas que as da linguagem, de seus elementos e de seus sujeitos. Elas não se parecem absolutamente. Mas as primeiras sustentam as segundas. Na verdade, traduzindo conteúdos formais quaisquer em uma única substância de expressão, a máquina de rostidade já os submete à forma exclusiva de expressão significante e subjetiva. Ela procede ao quadriculamento prévio que torna possível discernir elementos significantes e efetuar escolhas subjetivas. A máquina de rostidade não é um anexo do significante e do sujeito, ela lhes é, antes, conexa e condicionante: as biunivocidades, as binariedades de rosto duplicam as outras, as redundâncias de rosto fazem redundância com as redundâncias significantes e subjetivas. Exatamente porque o rosto depende de uma máquina abstrata, ele não supõe um sujeito nem um significante que já estejam presentes; mas ele lhes é conexo, e lhes dá a substância necessária. Não é um sujeito que escolhe os rostos, como no teste de Szondi, são os rostos que escolhem seus sujeitos. Não é um significante que interpreta a figura mancha negra-buraco branco, ou página branca-buraco negro, como no teste de Rorschach, é essa figura que programa os significantes.

Aproximamo-nos da questão: o que desencadeia a máquina abstrata de rostidade, já que ela não se exerce sempre, nem em quaisquer formações sociais? *Determinadas* formações sociais têm necessidade de rosto, e também de paisagem.[11] *[221]* É toda uma história. Produziu-se, em datas bastante diversas, um desmoronamento generalizado de todas as semióticas primitivas, plurívocas, heterogêneas, jogando com substâncias e formas de expressão bastante diversas, em proveito de uma semiótica de significância e de subjetivação. Quaisquer que sejam as diferenças entre a significância e a subjetivação, qualquer que seja a prevalência de uma ou da outra nesse ou naquele caso, quaisquer que sejam as figuras variáveis de sua mixagem de fato, elas têm em comum exatamente o fato de esmagar qualquer plurivocidade, de erigir a linguagem em forma de expressão exclusiva, de proceder por biunivocização significante e por binarização subjetiva. A sobrelinearidade própria à linguagem deixa de ser coordenada por figuras multidimensionais: ela aplaina agora todos os volumes, subordina todas as linhas. Será um acaso o fato de a linguística encontrar sem-

[11] Maurice Ronai mostra como a paisagem, tanto em sua realidade quanto em sua noção, remete a uma semiótica e a aparelhos de poder muito particulares: a geografia encontra aí uma de suas fontes, mas também um princípio de sua dependência política (a paisagem como "rosto da pátria ou da nação"). Cf. "Paysages", *Hérodote*, nº 1, jan. 1976.

pre, e muito rapidamente, o problema da homonímia ou dos enunciados ambíguos de que tratará por um conjunto de reduções binárias? Mais geralmente, nenhuma plurivocidade, nenhum traço de rizoma podem ser suportados: uma criança que corre, que brinca, que dança, que desenha não pode concentrar sua atenção na linguagem e na escrita, ela tampouco será um bom sujeito. Em suma, a nova semiótica tem necessidade de destruir sistematicamente toda a multiplicidade de semióticas primitivas, mesmo se mantém resíduos destas em redutos bem determinados.

Entretanto, não são as semióticas que guerreiam entre si, apenas com suas armas. *São agenciamentos de poder bastante particulares que impõem a significância e a subjetivação* como sua forma de expressão determinada, em pressuposição recíproca com novos conteúdos: não há significância sem um agenciamento despótico, não há subjetivação sem um agenciamento autoritário, não há mixagem dos dois sem agenciamentos de poder que agem precisamente por significantes, e se exercem sobre almas ou sujeitos. Ora, são esses agenciamentos de poder, essas formações despóticas ou autoritárias, que dão à nova semiótica os meios de seu imperialismo, isto é, ao mesmo tempo os meios de esmagar os outros e de se proteger de qualquer ameaça vinda de fora. Trata-se de uma abolição organizada do corpo e das coordenadas corporais pelas quais passavam as semióticas plurívocas ou multidimensionais. Os corpos serão disciplinados, a corporeidade será desfeita, promover-se-á a caça aos devires-animais, levar-se-á a desterritorialização a um novo limiar, já que se saltará dos estratos orgânicos aos estratos de significância e de subjetivação. *[222]* Produzir-se-á uma única substância de expressão. Construir-se-á o sistema muro branco-buraco negro, ou antes deslanchar-se-á essa máquina abstrata que deve justamente permitir e garantir a onipotência do significante, bem como a autonomia do sujeito. Vocês serão alfinetados no muro branco, cravados no buraco negro. Essa máquina é denominada máquina de rostidade porque é produção social de rosto, porque opera uma rostificação de todo o corpo, de suas imediações e de seus objetos, uma paisagificação de todos os mundos e meios. A desterritorialização do corpo implica uma reterritorialização no rosto; a descodificação do corpo implica uma sobrecodificação pelo rosto; o desmoronamento das coordenadas corporais ou dos meios implica uma constituição de paisagem. A semiótica do significante e do subjetivo nunca passa pelos corpos. É um absurdo pretender colocar o significante em relação com o corpo. Ou, em todo caso, tal relação só pode ser feita com um corpo já inteiramente rostificado. A diferença entre, por um lado, nossos uniformes e roupas, e, por outro, as pinturas e vestimentas primitivas, consiste em que os primeiros operam uma rostificação do corpo, com o buraco negro dos botões e o muro branco do tecido. Até a máscara encontra aqui uma nova função, exatamente o contrário da precedente. Pois não há qualquer função unitária da máscara, a não ser negativa (em nenhum caso a máscara serve para dissimular, para esconder, mesmo mostrando ou revelando). Ou a máscara assegura a pertença da cabeça ao corpo, e seu devir-animal, como nas semióticas primitivas, ou, ao contrário, como agora, a máscara assegura a instituição, o realce do rosto, a rostificação da cabeça e do corpo: a máscara é então o rosto em si mesmo, a abstração ou a operação do rosto. Inumanidade do rosto. O rosto jamais supõe um significante ou um sujeito prévios. A ordem é completamente diferente: agenciamento concreto de poder despótico e autoritário —> desencadeamento da máquina abstrata de rostidade, muro branco-buraco negro —> instalação da nova semiótica de significância e de subjetivação, nessa superfície esburacada. É por isso que não cessamos de considerar dois problemas exclusivamente: a relação do rosto com a máquina abstrata que o produz; a relação do rosto com os agenciamentos de poder que necessitam dessa produção social. O rosto é uma política.

Vimos anteriormente que a significância e a subjetivação eram semióticas completamente distintas de direito, com seu regime diferente (irradiação circular, linearidade segmentar), com seu aparelho de poder diferente (a escravatura generalizada despótica, o contrato-processo autoritário). E nenhuma das duas começa com o Cristo, com o Homem branco como universal cristão: existem formações despóticas de *[223]* significância asiáticas, negras ou indígenas; o processo autoritário de subjetivação aparece mais puramente no destino do povo judeu. Mas, qualquer que seja a diferença dessas semióticas, elas não deixam de formar um *misto* de fato, e é mesmo no nível desse misto que fazem valer seu imperialismo, isto é, sua pretensão comum de esmagar todas as outras semióticas. Não há significância que não comporte um germe de subjetividade; não há subjetivação que não arraste restos de significante. Se o significante ricocheteia basicamente em uma parede, se a subjetividade escoa, basicamente, em direção a um buraco, é preciso dizer que o muro do significante já comporta buracos negros, e que o buraco negro da subjetividade arrebata ainda lascas de muro: o misto é então bem fundado na máquina indissociável muro branco-buraco negro, e as duas semióticas não param de se misturar por cruzamento, interseção, ramificação de uma sobre a outra, como entre "o Hebreu e o Faraó". Só que ainda há mais, porque a natureza das misturas pode ser bastante variável. Se podemos datar a máquina de rostidade, atribuindo-lhe o ano zero do Cristo e o desenvolvimento histórico do Homem branco, é porque a mistura deixa então de ser uma interseção ou um entrecruzamento para devir uma penetração completa na qual cada elemento impregna o outro, como gotas de vinho vermelho escuro em uma água clara. Nossa semiótica de Homens brancos modernos, a mesma do capitalismo, alcançou esse estado de mistura no qual a significância e a subjetivação se prolongam efetivamente uma através da outra. É aí então que a rostidade, ou o sistema muro branco-buraco negro, adquire toda sua extensão. Devemos entretanto distinguir os estados de mixagem e a proporção variável dos elementos. Seja no estado cristão, mas também nos estados pré-cristãos, um elemento pode prevalecer sobre o outro, ser mais ou menos potente. Somos então levados a definir *rostos-limites*, que não se confundem com as unidades de rosto nem com os desvios de rosto definidos anteriormente.

I. Aqui, o buraco negro está no muro branco. Não é uma unidade, já que o buraco negro não para de se deslocar no muro, e procede por binarização. Dois buracos negros, quatro buracos negros, *n* buracos negros se distribuem como olhos. A rostidade é sempre uma multiplicidade. A paisagem será povoada por olhos ou buracos negros, como em um quadro de Ernst, como em um desenho de Aloïse ou de Wölfli. No muro branco inscrevem-se círculos que margeiam um buraco: por toda parte onde há um tal círculo pode-se colocar um olho. Pode-se mesmo propor como lei: quanto mais um buraco é margeado, mais o efeito de margem é o de aumentar a superfície na qual ele desliza, e o de dar a essa superfície uma força de captura. O caso mais puro talvez seja dado *[224]* nos ornatos cilíndricos populares etíopes, que representam demônios: dois buracos negros sobre a superfície branca do pergaminho, ou do rosto retangular ou redondo que aí se delineia, mas esses buracos negros enxameiam e se reproduzem, fazem redundância, e cada vez que se margeia um círculo secundário, constitui-se um novo buraco negro, coloca-se aí um olho.[12] Efeito de captura de uma superfície que mais se fecha quanto mais aumenta. É o rosto despótico significante, e sua multiplicação própria, sua proliferação, sua redundância de frequência. Multiplicação dos olhos. O déspota ou seus representantes estão por toda parte. É o rosto visto de frente, visto por um sujeito que, ele mesmo, não vê propriamente, mas, antes, é tragado pelos buracos negros. É uma figura do destino, o destino *terrestre*, o destino significante objetivo. O close de cinema conhece bem essa figura: close Griffith, sobre um rosto, um elemento de rosto ou um objeto rostificado que assumem então um valor temporal antecipatório (os ponteiros do relógio anunciam alguma coisa).

II. Neste caso, ao contrário, o muro branco se afila, fio de prata que vai em direção ao buraco negro. Um buraco negro "aglutina" todos os buracos negros, todos os olhos, todos os rostos, ao mesmo tempo em que a paisagem é um fio que se enrola em sua extremidade final em torno do buraco. É sempre uma multiplicidade, mas é uma outra figura do destino: o destino subjetivo, passional, refletido. É o rosto, ou a paisagem *marítima*: ele segue a linha de separação do céu e das águas, ou da terra e das águas. Esse rosto autoritário está de perfil, e escorre para o buraco negro. Ou dois rostos face a face, mas

---

[12] Cf. Jacques Mercier, *Rouleaux magiques éthiopiens*, Paris, Seuil, 1979. E "Les Peintures des rouleaux protécteurs éthiopiens", *Journal of Ethiopian Studies*, vol. 12, jul. 1974; "Étude stylistique des peintures de rouleaux protécteurs éthiopiens", *Objets et Mondes*, vol. 14, nº 2, verão de 1974 (O olho vale para o rosto que vale para o corpo. (...) Nos espaços interiores são desenhadas pupilas (...) é por isso que é preciso falar de direções de sentidos mágicos à base de olhos e de rostos, sendo utilizados os motivos decorativos tradicionais tais como transeptos, quadriculados, estrelas de quatro pontas etc). O poder do Negus, com sua ascendência salomônica, com sua corte de mágicos, passava por olhos de carvão, agindo como buraco negro, anjo ou demônio. O conjunto dos estudos de J. Mercier representa uma contribuição essencial para qualquer análise das funções do rosto.

Ano zero — Rostidade

Máquina simples   Com efeito de   Máquina com
                     multiplicação   quatro olhos
                     de contorno

 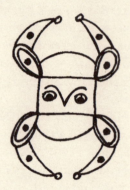

Proliferação dos olhos por contorno multiplicado

Rosto despótico significante terrestre

de perfil para o observador, e cuja reunião já se encontra marcada por uma separação ilimitada. Ou os rostos que se desviam, sob a traição que os arrebata. Tristão, Isolda, Isolda, Tristão, na barca que os conduz até o buraco negro da traição e da morte. Rostidade da consciência e da paixão, redundância de ressonância ou de acoplamento. Dessa vez o close não tem mais por efeito o de aumentar uma superfície que ele encerra ao mesmo tempo, não tem mais por função um *[225]* valor temporal antecipatório. Ele marca a origem de uma escala de intensidade, ou faz parte dessa escala, incita a linha que os rostos seguem, na medida também em que eles se aproximam do buraco negro como término: close Eisenstein contra close Griffith (o aumento intensivo da dor ou da cólera, no close do *Encouraçado Potenkim*).[13] Vê-se, ainda aí, que todas as combinações são possíveis entre as duas figuras-limites do rosto. No *Lulu* de Pabst, o rosto despótico de Lulu decaída se conecta com a imagem da faca de pão, imagem de valor antecipatório que anuncia o assassinato; mas também *[226]* o rosto autoritário de Jack o Estripador passa por toda uma escala de intensidades que o leva à faca e ao assassinato de Lulu.

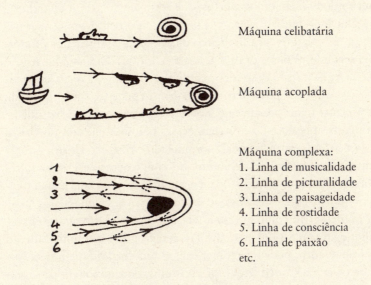

Máquina celibatária

Máquina acoplada

Máquina complexa:
1. Linha de musicalidade
2. Linha de picturalidade
3. Linha de paisageidade
4. Linha de rostidade
5. Linha de consciência
6. Linha de paixão
etc.

Rosto autoritário subjetivo marinho
(*segundo* Tristão e Isolda)

Mais geralmente, serão observadas características comuns às duas figuras-limites. Por um lado, por mais que o muro branco, as grandes bochechas brancas sejam o elemento substancial do significante, e o buraco negro, os olhos, sejam o elemento refletido da subjetividade, eles estão sempre juntos, mas sob os dois modos nos quais ora os buracos negros se repartem e se multiplicam no muro branco,

---

[13] Sobre a maneira pela qual o próprio Eisenstein distingue sua concepção do close e a de Griffith, cf. *Film Form*, cit.

Ano zero — Rostidade

ora, ao contrário, o muro, reduzido à sua crista ou ao seu fio de horizonte, se precipita em direção a um buraco negro que os aglutina todos. Não há muro sem buracos negros, não há buraco sem muro branco. Por outro lado, tanto em um caso quanto no outro, o buraco negro é essencialmente margeado, e mesmo sobremargeado; tendo o contorno, como efeito, seja o de aumentar a superfície do muro, seja o de tornar mais intensa a linha; e o buraco negro jamais está nos olhos (pupila), está sempre no interior da borda, e os olhos estão sempre no interior do buraco: olhos mortos, que veem ainda melhor quando estão dentro do buraco negro.[14] Essas características comuns não impedem *[227]* a diferença-limite das duas figuras de rosto, e as proporções segundo as quais ora uma, ora a outra, predominam na semiótica mista — o rosto despótico significante terrestre, o rosto autoritário passional e subjetivo marítimo (o deserto pode ser também mar da terra). Duas figuras do destino, dois estados da máquina de rostidade. Jean Paris apresentou o exercício desses polos na pintura, do Cristo despótico ao Cristo passional: por um lado o rosto do Cristo visto de frente, como em um mosaico bizantino, com o buraco negro dos olhos sobre fundo de ouro, sendo toda a profundidade projetada para a frente; por outro lado, os rostos que se cruzam e se desviam, de três quartos ou de perfil, como em uma tela do Quattrocento, com olhares oblíquos traçando linhas múltiplas, integrando a profundidade no próprio quadro (podem-se tomar exemplos arbitrários de transição e de mixagem: a *Convocação dos apóstolos*, de Duccio, em paisagem aquática, onde a segunda fórmula já conduz o Cristo e o primeiro pescador, ao passo que o segundo pescador permanece preso ao código bizantino).[15]

[14] Esse é um tema corrente do romance de terror e da ficção científica: os olhos estão no buraco negro e não o inverso ("vejo um disco luminoso emergir desse buraco negro, como se fossem olhos"). As histórias em quadrinhos, por exemplo *Circus* nº 2, apresentam um buraco negro povoado de rostos e de olhos e a travessia desse buraco negro. Sobre a relação dos olhos com os buracos e os muros, cf. os textos e desenhos de J. L. Parant, especialmente *Les Yeux MMDVI*, Paris, Christian Bourgois, 1976.

[15] Cf. As análises de Jean Paris, *L'Espace et le regard*, Paris, Seuil, 1965, I, cap. I (igualmente, a evolução da Virgem e a variação das relações de seu rosto com o do menino Jesus: II, cap. II).

Um amor de Swann: Proust soube fazer ressoar rosto, paisagem, pintura, música, etc. Três momentos na história Swann-Odette. Antes de tudo, todo um dispositivo significante se estabelece. Rosto de Odette com grandes bochechas brancas ou amareladas, e olhos como buracos negros. Mas esse próprio rosto não para de remeter a outras coisas, igualmente dispostas no muro. Eis aí o esteticismo, o amadorismo de Swann: é preciso, sempre, que alguma coisa o lembre de outra coisa, em uma rede de interpretações sob o signo do significante. Um rosto remete a uma paisagem. Um rosto deve "lembrá-lo" de um quadro, de um fragmento de quadro. Uma música deve deixar escapar uma pequena frase que se conecta com o rosto de Odette, a ponto de a pequena frase não ser mais do que um sinal. O muro branco se povoa, os buracos negros se dispõem. Todo esse dispositivo de significância, em uma remissão de interpretações, prepara o segundo momento, subjetivo passional, no qual o ciúme, a querelância, a erotomania de Swann irão se desenvolver. Eis então que o rosto de Odette percorre uma linha que se precipita em direção a um único buraco negro: o da Paixão de Swann. Também as outras linhas, de paisageidade, de *[228]* picturalidade, de musicalidade se precipitam em direção a esse buraco catatônico e se enrolam em torno dele, para margeá-lo por diversas vezes.

Mas, terceiro momento, no fim de sua longa paixão, Swann vai a uma recepção na qual vê primeiramente o rosto dos empregados e dos convidados se *desfazer* em traços estéticos autônomos: como se a linha de picturalidade reencontrasse uma independência, ao mesmo tempo para além do muro e fora do buraco negro. Em seguida, é a pequena frase de Vinteuil que reencontra sua transcendência e reata com uma linha de musicalidade ainda mais intensa, a-significante, a-subjetiva. E Swann sabe que ele não ama mais Odette, e sobretudo que Odette não o amará jamais. — Seria necessária essa salvação pela arte, já que Swann, não mais do que Proust, não será salvo? Seria necessária *essa* maneira de atravessar o muro ou de sair do buraco, renunciando ao amor? Será que esse amor não estava corrompido desde o início, feito de significância e de ciúme? Seria outra coisa possível, considerando-se a medíocre Odette e Swann esteta? A *madalena*, de certo modo, é a mesma história. O narrador mastiga lentamente sua *madalena*: redundância, buraco negro da recordação involuntária.

Ano zero — Rostidade

Como ele sairá de lá? Antes de tudo, é algo de que se deve sair, de que se deve escapar. Proust bem o sabe, ainda que seus comentadores não o saibam mais. Mas ele sairá daí através da arte, somente pela arte.

Como sair do buraco negro? Como atravessar o muro? Como desfazer o rosto? Qualquer que seja a genialidade do romance francês, essa não é a sua tarefa. Ele está por demais ocupado em medir o muro, ou mesmo em construí-lo, em sondar os buracos negros, em compor os rostos. O romance francês é profundamente pessimista, idealista, "crítico da vida mais do que criador de vida". Ele coloca seus personagens no buraco, os faz ricochetear no muro. Só concebe viagens organizadas e salvação apenas através da arte. É ainda uma salvação católica, isto é, através da eternidade. Ele passa seu tempo fazendo o ponto, ao invés de traçar linhas, linhas de fuga ativa ou de desterritorialização positiva. O romance anglo-americano é completamente diferente. "Partir, partir, evadir-se... cruzar o horizonte..."[16] De Thomas Hardy a Lawrence, de Melville a Miller, a mesma questão ecoa: cruzar, sair, atravessar, fazer a linha e não o ponto. Encontrar a linha de separação, segui-la ou criá-la, até a traição. É por isso que eles têm com a viagem, com a maneira de viajar, com as outras civilizações, Oriente, América do Sul, e também com a droga, com *[229]* as viagens no mesmo lugar, uma relação completamente diferente da dos franceses. Eles sabem como é difícil sair do buraco negro da subjetividade, da consciência e da memória, do casal e da conjugalidade. O quanto se é tentado a se deixar prender aí, a se embalar aí, a se agarrar a um *rosto*... "Encerrada nesse buraco negro, (...) ela extraía daí um tipo de fosforescência acobreada, fundida, (...) as palavras saíam de sua boca como a lava, todo seu corpo se estirava como uma espécie de serra voraz, procurando a presa, um *ponto* sólido e substancial no qual se empoleirar, um asilo onde entrar e descansar por um instante. (...) Tomei isso de início como paixão, como o êxtase, (...) acreditei que havia descoberto um vulcão vivo, não me passou pela cabeça que pudesse ser um navio se abismando em um oceano de desespero, nos Sargaços da fraqueza e da impotência. Hoje

---

[16] D. H. Lawrence, *Études sur la littérature classique américaine*, Paris, Seuil, 1948, "Herman Melville ou l'impossible retour": o texto de Lawrence começa com uma bela distinção dos olhos terrestres e dos olhos marítimos.

em dia, quando penso nesse astro negro que irradiava pelo buraco no teto, quando penso nesse astro fixo suspenso sobre nossa célula conjugal, mais fixo, mais distante do que o Absoluto, sei que era ela, esvaziada de tudo o que a fazia ser ela mesma propriamente dita, sol negro e morto, sem aparência."[17] Fosforescência acobreada como o rosto no fundo de um buraco negro. Trata-se de sair daí, não em arte, isto é, em espírito, mas em vida, em vida real. *Não me tirem a força de amar*. Os romancistas ingleses americanos também sabem como é difícil atravessar o muro do significante. Muitas pessoas o tentaram depois de Cristo, a começar pelo Cristo. Mas o próprio Cristo falhou na travessia, no salto, ele *ricocheteou* no muro, e "como uma mola que volta bruscamente para trás, toda a imundície do fluxo negativo refluirá, todo o impulso negativo da humanidade pareceu se condensar em uma massa inerte e monstruosa para dar nascimento ao tipo do número inteiro humano, o algarismo um, a indivisível unidade" — o Rosto.[18] Passar o muro, os chineses talvez, mas a que preço? Ao preço de um *devir-animal*, de um *devir-flor ou rochedo*, e, mais ainda, de um estranho *devir-imperceptível*, de um *devir-duro que não é senão o mesmo que amar*.[19] É uma questão de velocidade, mesmo sem sair do lugar. É isso também desfazer o rosto ou, como dizia Miller, não mais olhar os olhos nem nos olhos, mas atravessá-los a nado, fechar seus próprios olhos, e fazer de seu corpo um raio de luz que se move a uma velocidade cada vez maior? Para isso são necessários, sem dúvida, todos os recursos da arte, e da mais elevada arte. É necessário toda uma linha de escrita, toda uma linha de picturalidade, toda uma linha de musicalidade... Pois é pela escrita que devimos animais, é *[230]* pela cor que devimos imperceptíveis, é pela música que devimos duros e sem recordação, ao mesmo tempo animal e imperceptível: amoroso. Mas a arte nunca é um fim, é apenas um instrumento para traçar as linhas de vida, isto é, todos esses devires reais, que não se produzem simplesmente *na* arte, todas essas fugas ativas, que não consistem em fugir *na* arte, em se refugiar na arte, essas desterritoria-

---

[17] Henry Miller, *Tropique du Capricorne*, cit., p. 345.

[18] *Ibid.*, p. 95.

[19] *Ibid.*, p. 96.

lizações positivas, que não irão se reterritorializar na arte, mas que irão, sobretudo, arrastá-la consigo para as regiões do a-significante, do a-subjetivo e do sem-rosto.

Desfazer o rosto não é uma coisa à toa. Corre-se aí o risco da loucura: é por acaso que o esquizo perde ao mesmo tempo o sentido do rosto, de seu próprio rosto e do dos outros, o sentido da paisagem, o sentido da linguagem e de suas significações dominantes? É porque o rosto é uma organização forte. Pode-se dizer que o rosto assume em seu retângulo ou em seu círculo todo um conjunto de traços, *traços de rostidade*, que ele irá subsumir e colocar a serviço da significância e da subjetivação. Que é um tique? É precisamente a luta sempre recomeçada entre um traço de rostidade, que tenta escapar da organização soberana do rosto, e o próprio rosto que se fecha novamente nesse traço, recupera-o, barra sua linha de fuga, impõe-lhe novamente sua organização. (Na distinção médica entre o tique crônico ou convulsivo, e o tique tônico ou espasmódico, talvez seja necessário ver no primeiro caso o predomínio do traço de rostidade que tenta fugir; no segundo caso, o da organização de rosto que procura fechar novamente, imobilizar). Entretanto, se desfazer o rosto é um grande feito, é porque não é uma simples história de tiques, nem uma aventura de amador ou de esteta. Se o rosto é uma política, desfazer o rosto também o é, engajando devires reais, todo um devir-clandestino. Desfazer o rosto é o mesmo que atravessar o muro do significante, sair do buraco negro da subjetividade. O programa, o slogan da esquizoanálise vem a ser este: procurem seus buracos negros e seus muros brancos, conheçam-nos, conheçam seus rostos, de outro modo vocês não os desfarão, de outro modo não traçarão suas linhas de fuga.[20] *[231]*

É por isso que devemos, mais uma vez, multiplicar as prudências práticas. Primeiramente, nunca se trata de um retorno a... Não se trata de "voltar" às semióticas pré-significantes e pré-subjetivas dos primi-

---

[20] *L'Analyse caractérielle* de Wilhelm Reich (Paris, Payot, 1971) considera o rosto e os traços de rostidade como uma das primeiras peças da "couraça" de caráter e das resistências do eu (cf. "o anel ocular", em seguida "o anel oral"). A organização desses anéis é feita em planos perpendiculares à "corrente orgonótica" e se opõe ao livre movimento dessa corrente em todo o corpo. Daí a importância de eliminar a couraça ou de "dissolver os anéis". Cf. pp. 311 ss.

tivos. Fracassaremos sempre em passar por negro ou indiano, mesmo por chinês, e não é uma viagem aos mares do sul, por mais duras que sejam as condições, que nos fará transpor o muro, sair do buraco ou perder o rosto. Jamais poderemos refazer em nós uma cabeça e um corpo primitivos, uma cabeça humana, espiritual e sem rosto. Ao contrário, esse será um meio de retocar as fotos, de ricochetear no muro; aí encontraremos sempre reterritorializações, oh minha pequena ilha deserta onde reencontro o recanto de lilás, oh meu oceano profundo que reflete o lago do bosque de Bolonha, oh a pequena frase de Vinteuil que me recorda um doce momento. Exercícios físicos e espirituais do Oriente, mas que são feitos a dois, como um leito conjugal que enfeitaríamos com um pano chinês: você já fez seu exercício hoje? Lawrence se interessa por Melville apenas por uma coisa: ter sabido atravessar o rosto, os olhos e o horizonte, o muro e o buraco, melhor do que ninguém soube fazê-lo, mas ao mesmo tempo ter confundido essa travessia, essa linha criadora, com um "impossível retorno", retorno aos selvagens em Tipê, maneira de ser ainda artista, e de odiar a vida, maneira segura de manter a nostalgia pelo país natal ("Melville possuía a nostalgia de sua Casa e de sua Mãe, essas mesmas coisas das quais havia fugido para tão longe quanto os barcos puderam levá-lo. (...) Volta ao porto para enfrentar sua longa existência. (...) Recusa a vida. (...) Ele se aferra a seu ideal de união perfeita, de amor absoluto, ao passo que uma união verdadeiramente perfeita é aquela na qual cada um aceita que existam no outro grandes espaços desconhecidos. (...) Melville era no fundo um místico e um idealista. Ele se aferrou a suas armas ideais. Eu, eu abandono as minhas e digo: que as velhas armas apodreçam. *Façam novas armas e deem o tiro fatal*").[21]

Não podemos voltar atrás. Somente os neuróticos ou, como diz Lawrence, os "renegados", os trapaceiros, tentam uma regressão. É porque o muro branco do significante, o buraco negro da subjetividade, a máquina de rosto são impasses, a medida de nossas submissões, de nossas sujeições; mas nascemos dentro deles, e é aí que devemos nos debater. Não no sentido de um momento necessário, mas no sentido de um instrumento para o qual é preciso inventar um novo uso. É somente através do muro do significante que se fará passar as

[21] D. H. Lawrence, *ibid.*

Ano zero — Rostidade

linhas de a-significância que anulam toda recordação, toda remissão, toda significação possível *[232]* e toda interpretação que possa ser dada. É somente no buraco negro da consciência e da paixão subjetivas que se descobrirão as partículas capturadas, sufocadas, transformadas, que é preciso relançar para um amor vivo, não subjetivo, no qual cada um se conecte com os espaços desconhecidos do outro sem entrar neles nem conquistá-los, no qual as linhas se compõem como linhas partidas. É somente no interior do rosto, do fundo de seu buraco negro e em seu muro branco que os traços de rostidade poderão ser liberados, como os pássaros; não voltar a uma cabeça primitiva, mas inventar as combinações nas quais esses traços se conectam com traços de paisageidade, eles mesmos liberados da paisagem, com traços de picturalidade, de musicalidade, eles mesmos liberados de seus respectivos códigos. Com uma tal alegria que não seria apenas a de um desejo de pintar, mas a de todos os desejos, os pintores se serviram do rosto mesmo do Cristo em todos os sentidos e em todas as direções. E quanto ao cavaleiro do romance cortês, é possível dizer que sua catatonia vem do fato de estar no fundo do buraco negro, ou por ele já cavalgar as partículas que o fazem sair daí para uma nova viagem? Lawrence, que foi comparado a Lancelot, escreve: "Estar sozinho, sem espírito, sem memória, perto do mar. (...) Tão só e ausente e presente quanto um índio, moreno sobre a areia ensolarada. (...) Longe, bem longe, como se houvesse desembarcado em um outro planeta, como um homem tomando pé após a morte. (...) A paisagem? Ele zombava da paisagem. (...) A humanidade? Não existia. O pensamento? Caído como pedra na água. O imenso, o cintilante passado? Empobrecido e usado, frágil, frágil e translúcida escama lançada na praia".[22] Momento incerto onde o sistema muro branco-buraco negro, ponto negro-praia branca, como em uma estampa japonesa, se unisse à sua própria partida, à sua própria escapada, à sua travessia.

É porque vimos os dois estados bastante diferentes da máquina abstrata: ora presa nos estratos onde assegura desterritorializações somente relativas, ou desterritorializações absolutas que permanecem entretanto negativas; ora, ao contrário, desenvolvida em um plano de consistência que lhe confere uma função "diagramática", um valor de

---

[22] D. H. Lawrence, *Kangourou*, Paris, Gallimard.

desterritorialização positivo, como a força de formar novas máquinas abstratas. Ora a máquina abstrata, por ser de rostidade, irá rebater os fluxos sobre significâncias e subjetivações, sobre nós de arborescência e buracos de abolição; ora, ao contrário, por operar uma verdadeira "desrostificação", libera de algum modo *dispositivos rastreadores* [233] que desfazem em sua passagem os estratos, que atravessam os muros de significância e iluminam buracos de subjetividade, abatem as árvores em prol de verdadeiros rizomas, e conduzem os fluxos em linhas de desterritorialização positiva ou de fuga criadora. Não há mais estratos organizados concentricamente, não há mais buracos negros em torno dos quais as linhas se enrolam para margeá-los, não há mais muros onde se agarram as dicotomias, as binariedades, os valores bipolares. Não há mais um rosto que faz redundância com uma paisagem, um quadro, uma pequena frase musical, e onde perpetuamente um faz pensar no outro, na superfície unificada do muro ou no redemoinho do buraco negro. Mas cada traço liberado de rostidade faz rizoma com um traço liberado de paisageidade, de picturalidade, de musicalidade: não uma coleção de objetos parciais, mas um bloco vivo, uma conexão de hastes na qual os traços de um rosto entram em uma multiplicidade real, em um diagrama, com um traço de paisagem desconhecido, um traço de pintura ou de música que se encontram então efetivamente produzidos, criados, segundo *quanta* de desterritorialização positiva absoluta, e não mais evocados nem lembrados segundo sistemas de reterritorialização. Um traço de vespa e um traço de orquídea. *Quanta* que marcam mutações de máquinas abstratas, umas em função das outras. Abre-se um possível rizomático, operando uma potencialização do possível, contra o possível arborescente que marcava um fechamento, uma impotência.

Rosto, que horror, é naturalmente paisagem lunar, com seus poros, suas espessuras desiguais, suas partes obscuras, seus brilhos, suas brancuras e seus buracos: não há necessidade de fazer dela um close para torná-la inumana, ela é close naturalmente, e naturalmente inumana, monstruosa cogula. Forçosamente, visto que ela é produzida por uma máquina, e pelas exigências de um aparelho de poder espe-

---

* No original, "*têtes chercheuses*" (literalmente, "cabeças pesquisadoras"). (N. das T.)

cial que a deslancha, que leva a desterritorialização ao absoluto mantendo-a no negativo. Mas caímos na nostalgia do retorno ou da regressão quando opomos a cabeça humana, espiritual e primitiva, ao rosto inumano. Na verdade, não há senão inumanidades, o homem é somente feito de inumanidades, mas bastante diferentes, e segundo naturezas e velocidades bastante diferentes. A inumanidade primitiva, a do pré-rosto, é toda a plurivocidade de uma semiótica que faz da cabeça uma pertença ao corpo, a um corpo já relativamente desterritorializado, em ramificação com devires espirituais-animais. Para além do rosto, uma inumanidade ainda completamente diferente: não mais a da cabeça primitiva, mas a dos "dispositivos rastreadores" onde os pontos de desterritorialização devêm operatórios, as linhas de desterritorialização devêm positivas absolutas, formando estranhos devires novos, novas *[234]* plurivocidades. Devir-clandestino, fazer rizoma por toda a parte, para a maravilha de uma vida não humana a ser criada. *Rosto meu amor*, mas enfim devindo dispositivo rastreador... Ano zen, ano ômega, ano ω... Seria então necessário concluir com não mais do que esses três estados: cabeças primitivas, rosto-cristo e dispositivos rastreadores?

Tradução de Ana Lúcia de Oliveira e Lúcia Cláudia Leão

8.
1874 —
TRÊS NOVELAS OU "O QUE SE PASSOU?"
[235]

[Novela e conto: o segredo — As três linhas — Corte, fenda e ruptura — O casal, o duplo e o clandestino]

Não é muito difícil determinar a essência da "novela"* como gênero literário: existe uma novela quando tudo está organizado em torno da questão "O que se passou? Que pode ter acontecido?". O conto é o contrário da novela porque mantém o leitor ansioso quanto a uma outra questão: que acontecerá? Algo sempre irá se passar, irá aconte-

* Ao longo deste capítulo, os autores trabalham com diferentes acepções do termo *nouvelle*, que tanto pode significar "novela", "notícia", ou "novidade". (N. das T.)

cer. Quanto ao romance, nele acontece sempre alguma coisa, ainda que o romance integre, na variação de seu perpétuo presente vivo (*duração*), elementos da novela e do conto. Nesse aspecto, o romance policial é um gênero particularmente híbrido, visto que, muito frequentemente, alguma coisa = x, da ordem de um assassinato ou de um roubo, *[236]* aconteceu, mas o que aconteceu será descoberto e isso no presente determinado pelo policial-modelo. Seria um erro, entretanto, reduzir esses diferentes aspectos às três dimensões do tempo. Alguma coisa aconteceu ou alguma coisa acontecerá podem designar, por sua vez, um passado tão imediato, um futuro tão próximo que não se distinguem (diria Husserl) das retenções e protensões do próprio presente. A distinção entre eles não deixa de ser menos legítima, em nome dos diferentes movimentos que animam o presente, que são contemporâneos do presente, um se movendo com ele, mas um outro colocando-o já no passado *desde que* presente é presente (novela), um outro arrastando-o para o futuro *ao mesmo tempo* (conto). Temos a sorte de dispor de um mesmo tema tratado por um contista e por um novelista: há dois amantes, e um morre subitamente no quarto do outro. No conto de Maupassant, "Une ruse", tudo é direcionado para as questões: "Que acontecerá? Como o sobrevivente sairá dessa situação? O que o libertador, no caso um médico, poderá inventar?". Na novela de Barbey d'Aurevilly, *Le Rideau cramoisi*, tudo é direcionado para: aconteceu algo, mas o quê? Não apenas porque não se sabe verdadeiramente a causa da recente morte da fria jovem, como também não se saberá nunca por que ela se entregou ao jovem oficial, e tampouco se saberá como o libertador, no caso o coronel do regimento, pôde em seguida ajeitar as coisas.[1] Não se deve achar que seja mais fácil deixar tudo de modo vago: o fato de ter acontecido algo — e mesmo diversas coisas sucessivas — que jamais será conhecido, não exige menos minúcia e precisão do que no outro caso, em que o au-

[1] Cf. *Les Diaboliques*, de Barbey, 1874. Certamente, o próprio Maupassant não se limita ao conto: há em sua obra novelas, ou elementos de novelas em seus romances. Por exemplo, em *Une vie*, o episódio da tia Lison: "Era na época do desvario de Lison. (...) Nunca mais se falou sobre isso, e esse desvario permanecia como que envolto em uma bruma. Uma noite, Lise, que contava então vinte anos, se jogou na água sem que se soubesse o porquê. Nada em sua vida, em suas maneiras, poderia fazer pressentir essa loucura (...)".

tor deve inventar detalhadamente o que será necessário saber. Nunca se saberá o que acaba de acontecer, sempre se saberá o que irá acontecer — estas são as duas inquietações diferentes do leitor, face à novela e ao conto, mas são duas maneiras pelas quais o presente vivo se divide a cada instante. Na novela, não se espera que algo aconteça, conta-se com o fato de que algo já tenha acabado de acontecer. A novela é uma última notícia, ao passo que o conto é um primeiro conto. A "presença" do contista e a do novelista são *[237]* completamente diferentes (diferente é também a presença do romancista). Mas não invoquemos demasiadamente as dimensões do tempo: a novela tem tão pouco a ver com uma memória do passado, ou com um ato de reflexão, que ela ocorre, ao contrário, a partir de um esquecimento fundamental. Ela evolui na ambiência do "que aconteceu", porque nos coloca em relação com um incognoscível ou um imperceptível (e não o inverso: não é porque falaria de um passado que ela não poderia mais nos dar a conhecer). A rigor, nada aconteceu, mas é justamente esse nada que nos faz dizer: que pode ter acontecido para que eu esquecesse onde coloquei minhas chaves, para que não saiba mais se enviei aquela carta..., etc.? Que pequena artéria no meu cérebro pode ter se rompido? Qual é esse nada que faz com que algo tenha se passado? A novela está fundamentalmente em relação com um *segredo* (não com uma matéria ou com um objeto do segredo que deveria ser descoberto, mas com a forma do segredo que permanece impenetrável), ao passo que o conto está em relação com a *descoberta* (a forma da descoberta, independentemente daquilo que se pode descobrir). Além disso, a novela põe em cena *posturas* do corpo e do espírito, que são como dobras ou envolvimentos, ao passo que o conto põe em jogo *atitudes*, *posições*, que são desdobramentos ou desenvolvimentos, mesmo os mais inesperados. Não é difícil compreender, em Barbey, o gosto pela postura do corpo, isto é, pelos estados nos quais o corpo é surpreendido quando algo acaba de acontecer. Barbey chega a sugerir, no prefácio de *Diaboliques*, que há um diabolismo das posturas do corpo, uma sexualidade, uma pornografia e uma escatologia dessas posturas, muito diferentes das que entretanto também marcam, simultaneamente, as atitudes ou as posições do corpo. A postura é como um suspense invertido. Não se trata então de remeter a novela ao passado, e o conto ao futuro, mas de dizer que a novela remete, no

1874 — Três novelas ou "O que se passou?"

próprio presente, à dimensão formal de algo que aconteceu, mesmo se este algo não for nada ou permanecer incognoscível. Do mesmo modo, não se tentará fazer coincidir a diferença novela-conto com categorias como as do fantástico, do maravilhoso, etc. — este seria um outro problema e não há qualquer razão para se fixar coincidências nisso. A sequência da novela é: Que aconteceu? (modalidade ou expressão), Segredo (forma), Postura do corpo (conteúdo).

Tomemos Fitzgerald, que é um contista e um novelista genial. Mas ele é novelista toda vez que pergunta: *que pode ter acontecido para que se chegasse a esse ponto*? Só ele soube levar tal questão a esse grau de intensidade. Não que essa seja uma questão da memória, da reflexão, nem da velhice ou da fadiga, *[238]* ao passo que o conto seria de infância, de ação ou de elã. É entretanto verdade que Fitzgerald só coloca sua questão de novelista quando está pessoalmente esgotado, fatigado, doente, ou ainda pior. Mas, também aí, não é necessariamente esta a relação: poderia ser uma questão de vigor e de amor. E ainda o é, mesmo nessas condições desesperadas. Seria preciso, antes, conceber as coisas como uma questão de percepção: entra-se em um cômodo e se percebe algo como já presente, tendo acabado de acontecer, mesmo se ainda não se realizou. Ou então sabe-se que o que está sendo realizado já o é pela última vez, terminou. Ouve-se um "eu te amo" sabendo-se que é dito pela última vez. Semiótica perceptiva. Deus, o que pode ter acontecido, quando tudo é e permanece imperceptível, e para que tudo seja e permaneça imperceptível para sempre?

Em seguida não há apenas a especificidade da novela, há a maneira específica pela qual a novela trata uma matéria universal. Pois somos feitos de linhas. Não queremos apenas falar de linhas de escrita; estas se conjugam com outras linhas, linhas de vida, linhas de sorte ou de infortúnio, linhas que criam a variação da própria linha de escrita, linhas que estão *entre as linhas* escritas. Pode ser que a novela possua sua maneira própria de fazer surgir e de combinar essas linhas que pertencem, entretanto, a todo mundo e a qualquer gênero. Vladimir Propp, com grande sobriedade, dizia que o conto deveria ser definido em função de *movimentos* exteriores e interiores que ele qualificava, formalizava e combinava de maneira específica.[2] Gostaríamos

---

[2] Vladimir Propp, *Morphologie du conte*, Paris, Gallimard, 1970.

de mostrar que a novela se define em função de *linhas* vivas, linhas de carne, em relação às quais ela opera, por sua vez, uma revelação muito especial. Marcel Arland tem razão em afirmar sobre a novela: "São apenas linhas puras, até nas nuanças *e* isto é apenas pura e consciente virtude do verbo".[3]

PRIMEIRA NOVELA,
IN THE CAGE, HENRY JAMES, 1898 (tr. fr. Stock)

A heroína, uma jovem telegrafista, tem uma vida muito demarcada, muito contabilizada, que se processa por segmentos delimitados: os telegramas que ela registra sucessivamente a cada dia, as pessoas que enviam esses telegramas, a classe social dessas pessoas que não se utilizam do telégrafo da mesma maneira, as palavras que devem ser necessariamente contadas. Além disso, sua gaiola de telegrafista *[239]* é como um segmento contíguo à mercearia vizinha, onde seu noivo trabalha. Contiguidade de territórios. E o noivo não para de planejar, de demarcar o futuro, o trabalho, as férias, a casa. Existe aí, como para cada um de nós, uma linha de segmentaridade dura em que tudo parece contável e previsto, o início e o fim de um segmento, a passagem de um segmento a outro. Nossa vida é feita assim: não apenas os grandes conjuntos molares (Estados, instituições, classes), mas as pessoas como elementos de um conjunto, os sentimentos como relacionamentos entre pessoas são segmentarizados, de um modo que não é feito para perturbar nem para dispersar, mas ao contrário para garantir e controlar a identidade de cada instância, incluindo-se aí a identidade pessoal. O noivo pode dizer à jovem: considerando-se as diferenças entre nossos segmentos, temos os mesmos gostos e somos parecidos. Sou homem e você é mulher, você é telegrafista e eu sou merceeiro, você conta as palavras e eu peso as coisas, nossos segmentos se afinam, se conjugam. Conjugalidade. Todo um jogo de territórios bem determinados, planejados. Tem-se um porvir, não um devir. Eis uma primeira linha de vida, *linha de segmentaridade dura ou molar*; de forma alguma é uma linha de morte, já que ocupa e atravessa nossa

---

[3] Marcel Arland, *Le Promeneur*, Paris, Pavois, 1944.

1874 — Três novelas ou "O que se passou?"

vida, e finalmente parecerá sempre triunfar. Ela comporta até mesmo muita ternura e amor. Seria fácil demais dizer: "essa linha é ruim", pois vocês a encontrarão por toda a parte, e em todas as outras.

Um casal rico entra na agência de correios e traz à jovem a revelação, ou pelo menos a confirmação, de uma outra vida: telegramas múltiplos, cifrados, assinados com pseudônimos. Não se sabe mais exatamente quem é quem, nem o que significa o quê. Ao invés de uma linha dura, feita de segmentos bem determinados, o telégrafo forma agora um fluxo maleável, marcado por *quanta* que são como pequenas segmentações em ato, captadas em seu nascimento como em um raio de lua ou em uma escala intensiva. Graças à "sua arte prodigiosa da interpretação", a jovem percebe o homem como possuidor de um segredo que o põe em perigo, cada vez mais em perigo, em postura de perigo. Não se trata apenas de suas relações amorosas com a mulher. Henry James chega, aqui, ao momento de sua obra em que não é mais a matéria de um segredo que lhe interessa, mesmo se ele conseguiu fazer com que essa matéria fosse completamente banal e pouco importante. O que conta agora é a forma do segredo cuja matéria nem tem mesmo mais que ser descoberta (não se saberá, haverá diversas possibilidades, haverá uma indeterminação objetiva, uma espécie de molecularização do segredo). É justamente em relação a esse homem, e diretamente com ele, que a jovem telegrafista desenvolve uma estranha cumplicidade passional, toda uma *[240]* vida molecular intensa que nem mesmo entra em rivalidade com aquela que leva com seu próprio noivo. Que se passou, que pode mesmo ter acontecido? Essa vida, entretanto, não está na sua cabeça, e não é imaginária. Dir-se-ia, antes, que existem aí duas *políticas*, como a jovem o sugere em uma conversa marcante com o noivo: uma macropolítica e uma micropolítica, que não consideram absolutamente da mesma forma as classes, os sexos, as pessoas, os sentimentos. Ou, antes, que há dois tipos de relações bem distintas: os relacionamentos intrínsecos de casais que põem em jogo conjuntos ou elementos bem determinados (as classes sociais, os homens e as mulheres, determinadas pessoas), e em seguida os relacionamentos menos localizáveis, sempre exteriores a eles mesmos, que concernem, antes, a fluxos e partículas que escapam dessas classes, desses sexos, dessas pessoas. Por que esses últimos relacionamentos são relacionamentos de *duplos*, mais do que de *casais*?

"Ela temia essa outra ela mesma que, sem dúvida, a esperava do lado de fora; talvez fosse ele que a esperasse, ele que era seu outro ela mesma e de quem ela tinha medo." De qualquer modo, eis uma linha muito diferente da precedente, uma *linha de segmentação maleável ou molecular*, onde os segmentos são como *quanta* de desterritorialização. É nessa linha que se define um presente cuja própria forma é a de um algo que aconteceu, já passado, por mais próximo que se esteja dele, já que a matéria inapreensível desse algo está inteiramente molecularizada, em velocidades que ultrapassam os limiares ordinários de percepção. Entretanto, não se dirá que ela seja necessariamente melhor.

É certo que as duas linhas não param de interferir, de reagir uma sobre a outra, e de introduzir cada uma na outra uma corrente de maleabilidade ou mesmo um ponto de rigidez. Em seu ensaio sobre o romance, Nathalie Sarraute louva os romancistas ingleses por não terem apenas descoberto, como Proust ou Dostoiévski, os grandes movimentos, os grandes territórios e os grandes pontos do inconsciente que fazem reencontrar o tempo ou reviver o passado, mas por terem percorrido, à contracorrente, essas linhas moleculares, simultaneamente presentes e imperceptíveis. Ela mostra como o diálogo ou a conversação obedecem aos cortes de uma segmentaridade fixa, a vastos movimentos de distribuição regrada correspondendo às atitudes e posições de cada um, mas também como eles são percorridos e arrastados por *micromovimentos*, segmentações finas distribuídas de modo totalmente diferente, partículas inencontráveis de uma matéria anônima, minúsculas fendas e posturas que não passam mais pelas mesmas instâncias, mesmo no inconsciente, linhas secretas de desorientação ou de desterritorialização: toda uma subconversação na *[241]* conversação, diz ela, isto é, uma micropolítica da conversação.[4]

---

[4] Nathalie Sarraute (*L'Ère du soupçon*, "Conversation et sous-conversation", Paris, Gallimard, 1956) mostra como Proust analisa os menores movimentos, olhares ou entonações. Entretanto, ele os capta na recordação, atribui-lhes uma "posição", considera-os como um encadeamento de efeitos e de causas; "raramente tentou revivê-los e fazer com que o leitor os revivesse no presente, enquanto eles se formam e à medida que se desenvolvem como dramas minúsculos, tendo cada um suas peripécias, seu mistério e seu imprevisível desenlace".

1874 — Três novelas ou "O que se passou?"

Em seguida, a heroína de James, em sua segmentaridade flexível ou em sua linha de fluxo, chega a uma espécie de *quantum maximum* para além do qual ela não pode mais ir (mesmo se quisesse, não poderia ter ido mais longe). Essas vibrações que nos atravessam, perigo de exacerbá-las para além de nossa resistência. Dissolveu-se na forma do segredo — que se passou? — o relacionamento molecular da telegrafista com o telegrafante — já que nada aconteceu. Cada um dos dois será lançado de volta à sua segmentaridade dura: ele esposará a senhora que deveio viúva, ela esposará seu noivo. Entretanto, tudo mudou. Ela alcançou como que uma linha nova, uma terceira, uma espécie de *linha de fuga*, igualmente real, mesmo que ela se faça no mesmo lugar: linha que não mais admite qualquer segmento, e que é, antes, como que a explosão das duas séries segmentares. Ela atravessou o muro, saiu dos buracos negros. Alcançou uma espécie de desterritorialização absoluta. "Ela terminou por saber tanto acerca disso que nada mais podia interpretar. *Não havia, para ela, mais obscuridades que a fizessem ver mais claro, só restava uma luz crua.*" Não se pode ir mais longe na vida do que nessa frase de James. O segredo mudou mais uma vez de natureza. Sem dúvida, o segredo tem sempre a ver com o amor e com a sexualidade. Porém, ora era apenas a matéria escondida, e mais escondida porque era ordinária, dada no passado, e por não sabermos mais qual forma encontrar para ela: vejam, eu me dobro ao meu segredo, vejam qual mistério opera em mim, uma maneira de me fazer de interessante, aquilo que Lawrence denominava o "segredinho sujo", *meu* Édipo por assim dizer. Ora o segredo devinha a forma de um algo cuja matéria toda era molecularizada, imperceptível, inassinalável: não um dado no passado, mas o não-doável de "que aconteceu?". Mas, na terceira linha, nem mesmo há forma — nada além de uma pura linha abstrata. É porque não temos mais nada a esconder que não podemos mais ser apreendidos. Devir imperceptível, ter desfeito o amor para devir capaz de amar. Ter desfeito o seu próprio eu para estar enfim sozinho, e *[242]* encontrar o verdadeiro duplo no outro extremo da linha. Passageiro clandestino de uma viagem imóvel. Devir como todo o mundo, mais exatamente esse só é um devir para aquele que sabe que é ninguém, que não é mais alguém. Ele se pintou cinza sobre cinza. Como diz Kierkegaard, nada distingue o cavaleiro da fé de um burguês alemão que entra em casa ou se apresenta na agência de Correios: nenhum sinal telegráfico especial emana dele, ele produz ou reproduz constantemente segmentos finitos, mas já está em uma linha diferente que não podemos nem mesmo suspeitar.[5] De qualquer modo, a linha telegráfica não é um símbolo e tampouco é simples. Há pelo menos três delas: de segmentaridade dura e bem talhada, de segmentação molecular e em seguida a linha abstrata, a linha de fuga, não menos mortal, não menos viva. Na primeira há muitas falas e conversações, questões ou respostas, intermináveis explicações, esclarecimentos; a segunda é feita de silêncios, de alusões, de subentendidos rápidos, que se oferecem à interpretação. Mas se a terceira fulgura, se a linha de fuga é como um trem em marcha, é porque nela se salta linearmente, pode-se enfim falar aí "literalmente", de qualquer coisa, talo de erva, catástrofe ou sensação, em uma aceitação tranquila do que acontece em que nada pode mais valer por outra coisa. Entretanto, as três linhas não param de se misturar.

SEGUNDA NOVELA,
THE CRACK UP, F. SCOTT FITZGERALD, 1936 (tr. fr. Gallimard)

Que aconteceu? Esta é a pergunta que Fitzgerald não para de debater no final, tendo dito que "qualquer vida é, bem entendido, um processo de demolição". Como entender esse "bem entendido"? Pode-se dizer, antes de tudo, que a vida não para de se engajar em uma segmentaridade cada vez mais dura e ressecada. Para o escritor Fitzgerald, há a usura das viagens, com os seus segmentos bem demarcados. Há também, de segmentos em segmentos, a crise econômica, a perda da riqueza, a fadiga e o envelhecimento, o alcoolismo, a falência da conjugalidade, a ascensão do cinema, o surgimento do fascismo, do stalinismo, a perda de sucesso e de talento — aí mesmo onde Fitzgerald encontrará sua genialidade. "*Grandes impulsos súbitos que vêm ou parecem vir de fora*" e que atuam por *cortes* demasiadamente significantes, fazendo-nos passar de um termo a outro, em "escolhas" binárias sucessivas: rico-pobre... Mesmo que a mudança se fizesse no ou-

---

[5] Kierkegaard, *Crainte et tremblement*, Paris, Aubier, 1952, pp. 52 ss.

1874 — Três novelas ou "O que se passou?"

tro sentido, nada viria compensar o *[243]* endurecimento, o envelhecimento que sobrecodifica tudo o que acontece. Eis uma linha de segmentaridade dura, que põe em jogo grandes massas, mesmo se era, no início, maleável.

Mas Fitzgerald diz que há um outro tipo de rachadura, seguindo uma segmentaridade totalmente diferente. Não são mais grandes cortes, mas microfendas, como as de um prato, bem mais sutis e mais maleáveis, e que se produzem *sobretudo quando as coisas vão melhor do outro lado*. Se há envelhecimento também nessa linha, este não ocorre da mesma maneira: só envelhecemos aqui quando não sentimos mais isso na outra linha, e só nos apercebemos disso na outra linha quando "isso" já aconteceu nesta. Nesse momento, que não corresponde às idades da outra linha, atingimos um grau, um *quantum*, uma intensidade para além da qual não podemos mais ir. (Essa história de intensidades é muito delicada: a mais bela intensidade devém nociva quando ultrapassa nossas forças nesse momento, é preciso poder suportar, estar em boas condições). Mas o que aconteceu exatamente? Na verdade, nada de assinalável nem de perceptível; mudanças moleculares, redistribuições de desejo que fazem com que, quando algo acontece, o eu que o esperava já esteja morto, ou antes aquele que o esperaria ainda não chegou. Dessa vez, impulsos e rachaduras na imanência de um rizoma, ao invés dos grandes movimentos e dos grandes cortes determinados pela transcendência de uma árvore. A fenda "se produz quase sem que o saibamos, mas na verdade tomamos consciência dela subitamente". Essa linha molecular mais maleável, não menos inquietante, muito mais inquietante, não é simplesmente interior ou pessoal: ela também põe todas as coisas em jogo, mas em uma outra escala e sob outras formas, com segmentações de outra natureza, rizomáticas ao invés de arborescentes. Uma micropolítica.

E em seguida há ainda uma terceira linha, como uma linha de ruptura, e que marca a explosão das outras duas, sua percussão... em proveito de outra coisa? "Concluí que aqueles que haviam sobrevivido tinham realizado uma verdadeira ruptura. Ruptura quer dizer muita coisa e não tem nada a ver com ruptura de cadeia, em que estamos geralmente destinados a encontrar uma outra cadeia ou a retomar a antiga". Fitzgerald opõe aqui a ruptura aos pseudocortes estruturais nas cadeias ditas significantes. Mas ele igualmente a distingue das ligações ou dos talos mais maleáveis, mais subterrâneos, do tipo "viagem" ou mesmo transportes moleculares. "A célebre Evasão ou a fuga para longe de tudo é uma excursão dentro de uma armadilha, mesmo se a armadilha compreende os mares do Sul, que só são feitos para aqueles que querem navegar neles ou pintá-los. Uma verdadeira ruptura é algo a *[244]* que não se pode voltar, que é irremissível porque faz com que o passado tenha deixado de existir." Será possível que as viagens sejam sempre um retorno à segmentaridade dura? É sempre papai e mamãe que se reencontra na viagem e, como Melville, até mesmo nos mares do Sul? Músculos endurecidos? Será preciso acreditar que a própria segmentaridade flexível torna a formar no microscópio, e miniaturizadas, as grandes figuras das quais pretendia escapar? Sobre todas as viagens, pesa a frase inesquecível de Beckett: "*Que eu saiba, não viajamos pelo prazer de viajar; somos idiotas, mas não a esse ponto*".

Eis que, na ruptura, não apenas a matéria do passado se volatizou, mas a forma do que aconteceu, de algo imperceptível que se passou em uma matéria volátil, nem mais existe. Nós mesmos devimos imperceptíveis e clandestinos em uma viagem imóvel. Nada mais pode acontecer nem mesmo ter acontecido. Ninguém mais pode nada por mim nem contra mim. Meus territórios estão fora de alcance, e não porque sejam imaginários; ao contrário, porque eu os estou traçando. Terminadas as grandes ou as pequenas guerras. Terminadas as viagens, sempre a reboque de algo. Não tenho mais qualquer segredo, por ter perdido o rosto, forma e matéria. Não sou mais do que uma linha. Devim capaz de amar, não de um amor universal abstrato, mas aquele que escolherei, e que me escolherá, às cegas, meu duplo, que não tem mais eu do que eu. Salvamo-nos por amor e para o amor, abandonando o amor e o eu. Não somos mais do que uma linha abstrata, como uma flecha que atravessa o vazio. Desterritorialização absoluta. Devimos como todo mundo, mas de uma maneira pela qual ninguém pode devir como todo mundo. Pintamos o mundo sobre nós mesmos, e não a nós mesmos sobre o mundo. Não se deve dizer que o gênio é um homem extraordinário, *nem* que todo mundo tem genialidade. O gênio é aquele que sabe fazer de todo-mundo um devir (talvez Ulisses, a ambição fracassada de Joyce, parcialmente bem-sucedida em Pound). Entramos em devires-animais, devires-moleculares, enfim em

1874 — Três novelas ou "O que se passou?"

devires-imperceptíveis. "Estava para sempre do outro lado da barricada. A horrível sensação de entusiasmo continuava. (...) Tentaria ser um animal tão correto quanto possível, e se vocês me jogassem um osso com bastante carne por cima, eu seria talvez até mesmo capaz de lhes lamber a mão." Por que esse tom desesperado? A linha de ruptura ou de verdadeira fuga não teria seu perigo, ainda pior do que as outras? É tempo de morrer. De qualquer modo, Fitzgerald nos propõe a distinção de três linhas que nos atravessam e compõem "uma vida" (título à Maupassant). *Linha de corte, linha de fenda, linha de ruptura*. A linha de segmentaridade dura, *[245]* ou de corte molar; a linha de segmentação maleável, ou de fenda molecular; a linha de fuga ou de ruptura, abstrata, mortal e viva, não segmentar.

TERCEIRA NOVELA,
HISTOIRE DU GOUFFRE ET DE LA LUNETTE,
PIERRETTE FLEUTIAUX, 1976 (Julliard)

Há segmentos mais ou menos aproximados, mais ou menos distanciados. Esses segmentos parecem envolver um abismo, uma espécie de grande buraco negro. Em cada segmento, há duas espécies de vigilantes: os de visão curta e os de visão ampla. O que eles vigiam são os movimentos, as manifestações súbitas, as infrações, perturbações e rebeliões que se produzem no abismo. Mas há uma grande diferença entre os dois tipos de vigilantes. Os de visão curta têm uma luneta simples. No abismo, veem o contorno de células gigantes, de grandes divisões binárias, dicotomias, segmentos eles mesmos bem determinados, do tipo "sala de aula, caserna, H. L. M.* ou até mesmo país, vistos de avião". Veem ramos, cadeias, fileiras, colunas, dominós, estrias. Às vezes, descobrem, nas bordas, uma figura malfeita, um contorno tremido. Então se vai buscar a terrível Luneta de raios. Esta não serve para ver, mas para cortar, para recortar. É ela, o instrumento geométrico, que emite um raio laser e faz reinar por toda parte o grande

---

* Trata-se da sigla para *habiter à loyer modéré* ("habitação com aluguel acessível"), referindo-se a grandes prédios construídos para pessoas de baixa renda. (N. das T.)

corte significante, restaura a ordem molar por um instante ameaçada. A luneta para recortar *sobrecodifica* todas as coisas; trabalha na carne e no sangue, mas é apenas geometria pura, a geometria como questão de Estado, e a física dos de vista curta está a serviço dessa máquina. O que é a geometria, o que é o Estado, o que são os de vista curta? Eis aí perguntas que não têm sentido ("falo literalmente"), já que se trata, não mesmo de definir, mas de traçar efetivamente uma linha que não é mais de escritura, uma linha de segmentaridade dura em que todo mundo será julgado e retificado segundo seus contornos, indivíduos ou coletividade.

Bastante diferente é a situação dos telescópios, dos de visão ampla, em sua própria ambiguidade. Eles são pouco numerosos, no máximo um por segmento. Têm uma luneta refinada e complexa. Mas certamente não são chefes. E veem uma coisa totalmente diferente do que os outros. Veem toda uma microssegmentaridade, detalhes de detalhes, "tobogã de possibilidades", minúsculos movimentos que não esperam para chegar às bordas, linhas ou vibrações que se esboçam bem antes dos contornos, "segmentos que se movimentam com bruscas interrupções". Todo um rizoma, uma segmentaridade *[246]* molecular que não se deixa sobrecodificar por um significante como máquina de recortar, nem mesmo atribuir a uma determinada figura, determinado conjunto ou determinado elemento. Essa segunda linha é inseparável da segmentação anônima que a produz, e que a cada instante recoloca tudo em questão, sem objetivo e sem razão: "Que aconteceu?". Os de ampla visão podem adivinhar o futuro, mas é sempre sob a forma do devir de algo que já aconteceu em uma matéria molecular, partículas inencontráveis. É como em biologia: como as grandes divisões e dicotomias celulares, em seus contornos, são acompanhadas por migrações, por invaginações, por deslocamentos, por impulsos morfogenéticos, cujos segmentos não são mais marcados por pontos localizáveis, mas por limiares de intensidade que ocorrem por baixo, mitoses em que tudo se confunde, linhas moleculares que se cruzam no interior de grandes células e de seus cortes. É como em uma sociedade: como os segmentos duros e sobrecortantes são cortados por baixo por segmentações de uma outra natureza. Mas não é nem uma nem a outra, nem biologia nem sociedade, nem semelhança das duas: "falo literalmente", traço linhas, linhas de escrita, e a vida passa en-

1874 — Três novelas ou "O que se passou?"

tre as linhas. Uma linha de segmentaridade maleável se destacou, mesclada à outra, mas muito diferente, traçada de uma maneira tremida pela micropolítica dos de visão ampla. Um caso de política, tão mundial quanto o outro, e ainda mais, porém, em uma escala e em uma forma não-superponível, incomensurável. Mas também um caso de percepção, pois a percepção, a semiótica, a prática, a política, a teoria, estão sempre juntas. Vemos, falamos, pensamos, nesta ou naquela escala e segundo determinada linha que pode ou não se conjugar com a do outro, mesmo se o outro é ainda eu mesmo. Se não, não se deve insistir, nem discutir, mas fugir, fugir, mesmo dizendo "de acordo, mil vezes de acordo". Não vale a pena falar, seria necessário, em primeiro lugar, trocar os óculos, as bocas e os dentes, todos os segmentos. Não é apenas literalmente que se fala, percebe-se literalmente, vive-se literalmente, quer dizer, seguindo linhas, conectáveis ou não, mesmo quando são muito heterogêneas. E depois, em alguns casos, isso não funciona quando elas são homogêneas.[6] *[247]*

A ambiguidade da situação dos de visão ampla é a seguinte: eles são capazes de detectar no abismo as microinfrações mais leves, que os outros não veem; mas constatam também os terríveis danos da Luneta de recortar, sob sua aparente justiça geométrica. Eles têm a impressão de prever e de estar na dianteira, já que veem a mínima coisa como já tendo acontecido; mas sabem que suas advertências não servem para nada, porque a luneta de recortar regulará tudo, sem aviso prévio, sem necessidade nem possibilidade de previsão. Ora eles

---

[6] Em uma outra novela, *Le Dernier angle de transparence*, da mesma coletânea (*Histoire du gouffre et de la lunette et autres nouvelles*, Paris, Julliard, 1976), Pierrette Fleutiaux destaca três linhas de percepção, sem aplicação de um esquema preestabelecido. O herói tem uma *percepção molar*, que incide sobre conjuntos e elementos bem delineados, cheios e vazios bem repartidos (é uma percepção codificada, herdada, sobrecodificada pelos muros: não se sentar ao lado de sua cadeira etc.). Mas ele experimenta também uma *percepção molecular*, feita de segmentações finas e moventes, traços autônomos em que surgem buracos no cheio, microformas no vazio, entre duas coisas, em que "tudo fervilha e se movimenta" por mil fendas. A preocupação do herói é que ele não pode escolher entre as duas linhas, saltando constantemente de uma a outra. Viria a salvação de uma terceira linha de percepção, *percepção de fuga*, "direção hipotética apenas indicada" pelo ângulo das outras duas, "ângulo de transparência" que abre um novo espaço?

sentem nitidamente que veem algo diferente dos outros; ora, que há apenas uma diferença de grau, inutilizável. Colaboram na mais dura empresa de controle, na mais cruel, mas como não experimentariam uma obscura simpatia pela atividade subterrânea que lhes é revelada? Ambiguidade dessa linha molecular, *como se ela hesitasse entre duas vertentes*. Um dia (que terá acontecido?) um de visão ampla abandonará seu segmento, se lançará em uma estreita passarela por cima do abismo negro, partirá pela linha de fuga, tendo quebrado sua luneta, ao encontro de um Duplo cego que avança na outra extremidade.

Indivíduos ou grupos, somos atravessados por linhas, meridianos, geodésicas, trópicos, fusos, que não seguem o mesmo ritmo e não têm a mesma natureza. São linhas que nos compõem, diríamos três espécies de linhas. Ou, antes, conjuntos de linhas, pois cada espécie é múltipla. Podemos nos interessar por uma dessas linhas mais do que pelas outras, e talvez, com efeito, haja uma que seja, não determinante, mas que importe mais do que as outras... se estiver presente. Pois, de todas essas linhas, algumas nos são impostas de fora, pelo menos em parte. Outras nascem um pouco por acaso, de um nada, nunca se saberá por quê. Outras devem ser inventadas, traçadas, sem nenhum modelo nem acaso: devemos inventar nossas linhas de fuga se somos capazes disso, e só podemos inventá-las traçando-as efetivamente, na vida. As linhas de fuga — não será isso o mais difícil? Certos grupos, certas pessoas não as têm e não as terão jamais. Certos grupos, *[248]* certas pessoas não possuem essa espécie de linha, ou a perderam. A pintora Florence Julien se interessa especialmente pelas linhas de fuga: ela parte de fotos e inventa o procedimento pelo qual poderá extrair daí linhas, quase abstratas e sem forma. Mas, também aí, é todo um conjunto de linhas muito diversas: a linha de fuga de crianças que saem da escola correndo não é a mesma que a de manifestantes perseguidos pela polícia, nem a de um prisioneiro que foge. Linhas de fuga de animais diferentes: cada espécie, cada indivíduo tem as suas. Fernand Deligny transcreve as linhas e trajetos de crianças autistas, faz *mapas*: distingue cuidadosamente as "linhas de errância" e as "linhas costumeiras". E isso não vale somente para os passeios, há também mapas de percepções, mapas de gestos (cozinhar ou recolher madeira), com gestos costumeiros e gestos erráticos. O mesmo para a lin-

1874 — Três novelas ou "O que se passou?"

guagem, se existir uma. Fernand Deligny abriu suas linhas de escrita para linhas de vida. E constantemente as linhas se cruzam, se superpõem por um instante, se seguem por um certo tempo. Uma linha errática se superpôs a uma linha costumeira e aí a criança faz algo que não pertence mais exatamente a nenhuma das duas, reencontra algo que havia perdido — que aconteceu? — ou então ela salta, agita as mãos, minúsculo e rápido movimento — mas seu próprio gesto emite, por sua vez, diversas linhas.[7] Em suma, *uma linha de fuga, já complexa, com suas singularidades; mas também uma linha molar ou costumeira com seus segmentos; e entre as duas (?), uma linha molecular, com seus quanta que a fazem pender para um lado ou para outro.*

Perceber, como diz Deligny, que essas linhas não querem dizer nada. É uma questão de cartografia. Elas nos compõem, assim como compõem nosso mapa. Elas se transformam e podem mesmo penetrar uma na outra. Rizoma. Certamente não têm nada a ver com a linguagem, é ao contrário a linguagem que deve segui-las, é a escrita que deve se alimentar delas *entre* suas próprias linhas. Certamente não têm nada a ver com um significante, com uma determinação de um sujeito pelo significante; é, antes, o significante que surge no nível mais endurecido de uma dessas linhas, o sujeito que nasce no nível mais baixo. Certamente não têm nada a ver com uma estrutura, que sempre se ocupou apenas de pontos e de posições, de arborescências, e que sempre fechou um sistema, exatamente para impedi-lo de fugir. Deligny evoca um Corpo comum no qual essas linhas se inscrevem, como segmentos, limiares ou *quanta*, territorialidades, desterritorializações ou reterritorializações. *[249]* As linhas se inscrevem em um Corpo sem órgãos, no qual tudo se traça e foge, ele mesmo uma linha abstrata, sem figuras imaginárias nem funções simbólicas: o real do CsO. *A esquizoanálise não tem outro objeto prático*: qual é o seu corpo sem órgãos? quais são suas próprias linhas, qual mapa você está fazendo e remanejando, qual linha abstrata você traçará, e a que preço, para você e para os outros? Sua própria linha de fuga? Seu CsO que se confunde com ela? Você racha? Você rachará? Você se desterritorializa? Qual linha você interrompe, qual você prolonga ou retoma, sem figuras nem sím-

---

[7] Fernand Deligny, "Voix et voir", *Cahiers de l'Immuable*, abr. 1975.

bolos? A esquizoanálise não incide em elementos nem em conjuntos, nem em sujeitos, relacionamentos e estruturas. Ela só incide em *lineamentos*, que atravessam tanto os grupos quanto os indivíduos. Análise do desejo, a esquizoanálise é imediatamente prática, imediatamente política, quer se trate de um indivíduo, de um grupo ou de uma sociedade. Pois, antes do ser, há a política. A prática não vem após a instalação dos termos e de suas relações, mas participa ativamente do traçado das linhas, enfrenta os mesmos perigos e as mesmas variações do que elas. A esquizoanálise é como a arte da novela. Ou, antes, ela não tem problema algum de aplicação: destaca linhas que tanto podem ser as de uma vida, de uma obra literária ou de arte, de uma sociedade, segundo determinado sistema de coordenadas mantido.

Linha de segmentaridade dura ou molar, linha de segmentação maleável e molecular, linha de fuga: muitos problemas se colocam. Em primeiro lugar, referentes ao *caráter particular de cada uma delas*. Poder-se-ia acreditar que os segmentos duros são determinados, predeterminados socialmente, sobrecodificados pelo Estado; tender-se-ia, em contrapartida, a fazer da segmentaridade maleável um exercício interior, imaginário ou fantasioso. Quanto à linha de fuga, não seria esta inteiramente pessoal, maneira pela qual um indivíduo foge, por conta própria, foge às "suas responsabilidades", foge do mundo, se refugia no deserto, ou ainda na arte... etc. Falsa impressão. A segmentaridade maleável não tem nada a ver com o imaginário, e a micropolítica não é menos extensiva e real do que a outra. A grande política nunca pode manipular seus conjuntos molares sem passar por essas microinjeções, essas infiltrações que a favorecem ou que lhe criam obstáculo; e mesmo, quanto maiores os conjuntos, mais se produz uma molecularização das instâncias que eles põem em jogo. Quanto às linhas de fuga, estas não consistem nunca em fugir do mundo, mas antes em fazê-lo fugir, como se estoura um cano, e não há sistema social que não fuja/escape por todas as extremidades, mesmo se seus segmentos não param de se endurecer para vedar as linhas de fuga. Nada de imaginário nem de simbólico em uma linha de fuga. Não há nada mais ativo do que uma linha *[250]* de fuga, no animal e no homem.[8] E até

---

[8] Henri Laborit escreveu um *Éloge de la fuite* (Paris, Laffont, 1976), em que mostra a importância biológica das linhas de fuga no animal. Entretanto, ele con-

mesmo a História é forçada a passar por isso, mais do que por "cortes significantes". A cada momento, o que foge em uma sociedade? É nas linhas de fuga que se inventam armas novas, para opô-las às armas pesadas do Estado, e "pode ser que eu fuja, mas ao longo da minha fuga, busco uma arma". Nas linhas de fuga os nômades varriam tudo à sua passagem, e encontravam armas novas que deixavam o Faraó estupefato. De todas as linhas que distinguimos, pode ser que um mesmo grupo ou um mesmo indivíduo as apresentem ao mesmo tempo. Contudo, de modo mais frequente, um grupo, um indivíduo funciona ele mesmo como linha de fuga; ele a cria mais do que a segue, ele mesmo é a arma viva que ele forja, mais do que se apropria dela. As linhas de fuga são realidades; são muito perigosas para as sociedades, embora estas não possam passar sem elas, e às vezes as preparem.

O segundo problema diria respeito à *importância respectiva das linhas*. Pode-se partir da segmentaridade dura, é mais fácil, é dado; e em seguida ver como ela é mais ou menos recortada por uma segmentaridade maleável, uma espécie de rizoma que cerca as raízes. E em seguida ver como a ela ainda se acrescenta a linha de fuga. E as alianças e os combates. Mas pode-se partir também da linha de fuga: talvez seja ela a primeira, com sua desterritorialização absoluta. É evidente que a linha de fuga *não vem depois*, está presente desde o início, mesmo se espera sua hora e a explosão das outras duas. Então a segmentaridade maleável não seria mais do que uma espécie de compromisso, procedendo por desterritorializações relativas, e permitindo reterritorializações que bloqueiam e remetem para a linha dura. É curioso como a segmentaridade maleável está presa entre as outras duas linhas, pronta para tombar para um lado ou para o outro — essa é a sua ambiguidade. E ainda é preciso ver as diversas combinações: a linha de fuga de alguém, grupo ou indivíduo, pode muito bem não favorecer a de um outro; pode, ao contrário, barrá-la, interditá-la a ele, e lançá-lo ainda mais em uma segmentaridade dura. Ocorre bastante no amor que a linha criadora de alguém seja o aprisionamento

cebe essas linhas de modo demasiadamente formal; e, no homem, a fuga lhe parece ligada a valores do imaginário destinados a aumentar a "informação" do mundo.

do outro. Há um problema da composição das linhas, de uma linha com uma outra, mesmo em um mesmo gênero. Não é certo que duas linhas de fuga sejam [251] compatíveis, compossíveis. Não é certo que os corpos sem órgãos se componham facilmente. Não é certo que um amor resista a isso, nem uma política.

Terceiro problema: há a *imanência mútua das linhas*. Tampouco é fácil desenredá-las. Nenhuma tem transcendência, cada uma trabalha nas outras. Imanência por toda a parte. As linhas de fuga são imanentes ao campo social. A segmentaridade maleável não para de desfazer as concreções da dura, mas ela reconstitui em seu nível tudo aquilo que desfaz: micro-Édipos, microformações de poder, microfascismos. A linha de fuga faz explodir as duas séries segmentares, mas é capaz do pior: de ricochetear no muro, de recair em um buraco negro, de tomar o caminho da grande regressão, e de refazer os segmentos mais duros ao acaso de seus desvios. Alguém fez travessuras? — isso é pior do que se não tivesse se evadido, cf. aquilo que Lawrence condena em Melville. Entre a matéria de um segredinho sujo na segmentaridade dura, a forma vazia de "o que aconteceu?" na segmentaridade maleável, e a clandestinidade daquilo que não pode mais acontecer na linha de fuga, como não ver os sobressaltos de uma instância tentacular, o Segredo, que ameaça fazer tudo balançar? Entre o Par da primeira segmentaridade, o Duplo da segunda, o Clandestino da linha de fuga, tantas misturas e passagens possíveis. — Enfim ainda o último problema, o mais angustiante, referente aos *perigos próprios a cada linha*. Pouco há a dizer sobre o perigo da primeira, e seu endurecimento de difícil modificação. Pouco a dizer sobre a ambiguidade da segunda. Mas por que a linha de fuga, mesmo independentemente de seus perigos de recair nas outras duas, comporta, por sua vez, um desespero tão especial, apesar da sua mensagem de alegria, como se algo a ameaçasse exatamente no âmago do seu próprio empreendimento, uma morte, uma demolição, no exato instante em que tudo se esclarece? De Tchekhov, que é exatamente um grande criador de novelas, Chestov dizia: "Ele fez um esforço, não pode haver dúvida a esse respeito, e algo se partiu nele. E a causa desse esforço não foi qualquer labor penoso: ele caiu alquebrado sem ter empreendido uma exploração acima de suas forças. Em suma, foi apenas um acidente absurdo, ele deu um passo em falso, escorregou. (...)

1874 — Três novelas ou "O que se passou?"

Um homem novo apareceu diante de nós, sombrio e melancólico, um criminoso".[9] *Que aconteceu?* Mais uma vez, essa é a questão para todos os personagens de Tchekhov. Não é possível fazer um esforço, e mesmo quebrar algo, sem cair em um buraco negro de amargura e de areia? Mas será que Tchekhov *[252]* caiu verdadeiramente, não será esse um julgamento totalmente exterior? Não terá o próprio Tchekhov razão em dizer que, por mais sombrios que sejam seus personagens, ele transporta ainda "cinquenta quilos de amor"? Certamente, não há nada fácil nas linhas que nos compõem e que constituem a essência da Novela, e às vezes da Boa-Nova.

Quais são os seus pares, quais são os seus duplos, quais são os seus clandestinos, e as misturas entre eles? Quando um diz ao outro: ama em meus lábios o gosto do uísque como amo em teus olhos um clarão da loucura, que linhas estão se compondo ou, ao contrário, se tornando incompossíveis? Fitzgerald: "Talvez cinquenta por cento dos nossos amigos e parentes lhes dirão de boa-fé que foi minha bebida que enlouqueceu Zelda, a outra metade lhes assegurará que foi a sua loucura que me levou à bebida. Nenhum desses julgamentos significaria grande coisa. Esses dois grupos de amigos e de parentes seriam unânimes em dizer que cada um de nós se comportaria bem melhor sem o outro. Com a ironia de que jamais em nossa vida fomos tão desesperadamente apaixonados um pelo outro. Ela ama o álcool em meus lábios. Eu venero suas alucinações mais extravagantes". "No final nada tinha verdadeiramente importância. Nós nos destruímos. Mas, com toda a honestidade, jamais pensei que nos destruímos um ao outro." Beleza desses textos. Todas as linhas estão aí: a das famílias e dos amigos, todos aqueles que falam, explicam e psicanalisam, repartem os erros e as razões, toda a máquina binária do Par, unido ou separado, na segmentaridade dura (50%). E em seguida a linha de segmentação maleável, em que o alcoólatra e a louca extraem, como em um beijo nos lábios e nos olhos, a multiplicação de um duplo no limite do que podem suportar em seu estado, com os subentendidos que lhes servem de mensagem interna. Mas ainda a linha de fuga, tanto mais comum pelo fato de estarem separados, ou o inverso, cada um

---

[9] Leon Chestov, *L'Homme pris au piège*, Paris, 10-18, 1966, p. 83.

clandestino do outro, duplo tanto mais bem-sucedido pelo fato de nada mais ter importância e tudo podem recomeçar, pois eles estão destruídos, mas não um pelo outro. Nada passará pela lembrança, tudo aconteceu nas linhas, entre as linhas, no E que os torna imperceptíveis, um *e* o outro, nem disjunção nem conjunção, mas linha de fuga que não para mais de se traçar, para uma nova aceitação, o contrário de uma renúncia ou de uma resignação, uma nova felicidade?

Tradução de Ana Lúcia de Oliveira e Lúcia Cláudia Leão

9.
1933 —
MICROPOLÍTICA E SEGMENTARIDADE
[253]

[Segmentaridade, primitiva e civilizada — Molar e molecular — O fascismo e o totalitarismo — Linha de segmentos, fluxo de *quanta* — Gabriel Tarde — Massas e classes — Máquina abstrata: a mutação e a sobrecodificação — O que é um centro de poder? — As três linhas e os perigos de cada uma — Medo, clareza, poder e morte]

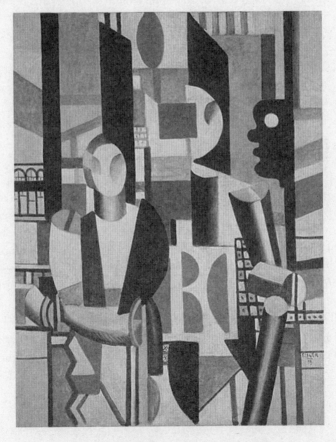

As segmentaridades (o conjunto dos tipos)

[254] Somos segmentarizados por todos os lados e em todas as direções. O homem é um animal segmentário. A segmentaridade pertence a todos os estratos que nos compõem. Habitar, circular, trabalhar, brincar: o vivido é segmentarizado espacial e socialmente. A casa é segmentarizada conforme a destinação de seus cômodos; as ruas, conforme a ordem da cidade; a fábrica, conforme a natureza dos trabalhos e das operações. Somos segmentarizados *binariamente*, a partir de grandes oposições duais: as classes sociais, mas também os homens e as mulheres, os adultos e as crianças, etc. Somos segmentarizados *circularmente*, em círculos cada vez mais vastos, em discos ou coroas cada vez mais amplos, à maneira da "carta" de Joyce: minhas ocupações, as ocupações de meu bairro, de minha cidade, de meu país, do mundo... Somos segmentarizados *linearmente*, numa linha reta, em linhas retas, onde cada segmento representa um episódio ou um "processo": mal acabamos um processo e já estamos começando outro, demandantes ou demandados para sempre, família, escola, exército, profissão, e a escola nos diz: "Você já não está mais em família", e o exército diz: "Você já não está mais na escola...". Ora os diferentes segmentos remetem a diferentes indivíduos ou grupos, ora é o mesmo indivíduo ou o mesmo grupo que passa de um segmento a outro. Mas sempre estas figuras de segmentaridade, a binária, a circular, a linear, são tomadas umas nas outras, e até passam umas nas outras, transformando-se de acordo com o ponto de vista. Os selvagens já atestam isso: Lizot mostra como a Casa comum é organizada circularmente, do exterior para o interior, numa série de coroas onde se exercem tipos localizáveis de atividades (cultos e cerimônias, em seguida troca de bens, em seguida vida familiar, em seguida detritos e excrementos); mas, ao mesmo tempo, "cada uma destas coroas é por sua vez fracionada transversalmente, sendo cada segmento reservado a uma linhagem particular e subdividido entre diferentes grupos de germanos".[1] Num contexto mais geral, Lévi-Strauss mostra que a organização dualista dos primitivos remete a uma forma circular e passa também para uma forma linear, englobando "qualquer número de grupos" (pelo menos três).[2]

[1] Jacques Lizot, *Le Cercle des feux*, Paris, Seuil, 1976, p. 118.

[2] Claude Lévi-Strauss, *Anthropologie structurale*, Paris, Plon, 1958, cap. VIII, "Les Organisations dualistes existent-elles?".

Por que voltar aos primitivos, quando se trata de nossa vida? O fato é que a noção de segmentaridade foi construída pelos etnólogos para dar conta das sociedades ditas primitivas, sem aparelho de Estado central fixo, sem poder global nem instituições *[255]* políticas especializadas. Os segmentos sociais têm neste caso uma certa flexibilidade, de acordo com as tarefas e as situações, entre os dois polos extremos da fusão e da cisão; uma grande comunicabilidade entre heterogêneos, de modo que o ajustamento de um segmento a outro pode se fazer de múltiplas maneiras; uma construção local que impede que se possa determinar de antemão um domínio de base (econômico, político, jurídico, artístico); propriedades extrínsecas de situação ou de relações, irredutíveis às propriedades intrínsecas de estrutura; uma atividade contínua que faz com que a segmentaridade não seja captável independentemente de uma segmentação em ato que opera por impulsos, desprendimentos, junções. A segmentaridade primitiva é, ao mesmo tempo, a de um *código* plurívoco, fundado nas linhagens, suas situações e suas relações variáveis e a de uma *territorialidade* itinerante, fundada em divisões locais emaranhadas. Os códigos e os territórios, as linhagens de clãs e as territorialidades tribais organizam um tecido de segmentaridade relativamente flexível.[3]

Parece-nos entretanto difícil dizer que as sociedades com Estado, ou mesmo nossos Estados modernos, sejam menos segmentários. A oposição clássica entre o segmentário e o centralizado afigura-se pouco pertinente.[4] Não só o Estado se exerce sobre segmentos que ele mantém ou deixa subsistir, mas possui sua própria segmentaridade e a impõe. Talvez a oposição que os sociólogos estabelecem entre segmentário e central tenha uma matriz biológica: o verme anelado e o sistema nervoso centralizado. Mas o cérebro central é ele próprio um verme ainda mais segmentarizado do que os outros, apesar de todas suas vicariâncias, e inclusive por causa delas. Não há oposição entre

---

[3] Cf. dois estudos exemplares, em *Systèmes politiques africains* (Paris, PUF, 1964): o de Meyer Fortes sobre os Tallensi e o de E. E. Evans-Pritchard sobre os Nuers.

[4] Georges Balandier analisa as maneiras pelas quais os etnólogos e os sociólogos definem esta oposição. *Anthropologie politique*, Paris, PUF, 1967, pp. 161-9.

central e segmentário. O sistema político moderno é um todo global, unificado e unificante, mas porque implica um conjunto de subsistemas justapostos, imbricados, ordenados, de modo que a análise das decisões revela toda espécie de compartimentações e de processos parciais que não se prolongam uns nos outros sem defasagens ou deslocamentos. A tecnocracia procede por divisão do trabalho segmentário (inclusive na divisão internacional do trabalho). A burocracia só existe através de suas repartições e só funciona através de seus "deslocamentos de meta" e os "desfuncionamentos" correspondentes. A hierarquia não é somente piramidal: o escritório do chefe está tanto no fundo do [256] corredor quanto no alto da torre. Em suma, tem-se a impressão de que a vida moderna não destituiu a segmentaridade, mas que ao contrário a endureceu singularmente.

Mais do que opor o segmentário e o centralizado, seria preciso então distinguir dois tipos de segmentaridade: uma "primitiva" e flexível, a outra "moderna" e dura. E essa distinção viria recortar cada uma das figuras precedentes:

1) As oposições binárias (homens-mulheres, os de cima-os de baixo, etc.), são muito fortes nas sociedades primitivas, mas parece que resultam de máquinas e de agenciamentos que, no que lhes diz respeito, não são binários. A binaridade social homens-mulheres, num grupo, mobiliza regras segundo as quais cada um encontra seus respectivos cônjuges em grupos diferentes (daí três grupos, no mínimo). É nesse sentido que Lévi-Strauss pode mostrar como a organização dualista nunca vale por si mesma numa sociedade deste tipo. Ao contrário, é próprio das sociedades modernas, ou melhor, das sociedades com Estado, fazer valer máquinas duais que funcionam enquanto tais, procedendo simultaneamente por relações biunívocas e sucessivamente por escolhas binarizadas. As classes, os sexos, combinam de dois em dois, e os fenômenos de tripartição decorrem de um transporte do dual, mais do que o inverso. Vimos isso especialmente com respeito à máquina de Rosto, a qual nesse aspecto distingue-se das máquinas de cabeças primitivas. Parece que as sociedades modernas promoveram a segmentaridade dual ao nível de uma organização suficiente. A questão, portanto, não é saber se as mulheres ou os de baixo têm um estatuto melhor ou pior, mas de que tipo de organização tal estatuto decorre.

2) Pode-se notar que, da mesma forma, a segmentaridade circular entre os primitivos não implica necessariamente que os círculos sejam concêntricos ou que tenham um mesmo centro. Num regime flexível, os centros já procedem como *nós*, *olhos* ou *buracos negros*; porém não ressoam todos juntos, não caem num mesmo ponto, não convergem para um mesmo buraco negro central. Há uma multiplicidade de olhos animistas que faz com que cada um deles, por exemplo, seja afetado por um espírito animal particular (o espírito-serpente, o espírito pica-pau, o espírito-jacaré...). Cada buraco negro é ocupado por um olho animal diferente. Sem dúvida pode-se ver desenhar-se, aqui e ali, operações de endurecimento e centralização: é preciso que todos os centros passem por um só círculo que, por sua vez, não tem mais do que um centro. O xamã traça linhas entre todos os pontos ou espíritos, desenha uma constelação, um conjunto irradiante de raízes que remete a uma árvore central. Nascimento de um poder centralizado onde um sistema arborescente vem disciplinar as erupções do *[257]* rizoma primitivo?[5] E a árvore, aqui, desempenha o papel de princípio de dicotomia ou de binaridade e, ao mesmo tempo, de eixo de rotação... Mas o poder do xamã é ainda totalmente localizado, estreitamente dependente de um segmento particular, condicionado pelas drogas, e cada ponto continua a emitir suas sequências independentes. Não se pode dizer o mesmo das sociedades modernas, ou até dos Estados. Certamente, o centralizado não se opõe ao segmentário, e os círculos permanecem distintos. Mas eles devêm concêntricos, definitivamente arborificados. A segmentaridade devêm dura, na medida em que todos os centros ressoam, todos os buracos negros caem num ponto de acumulação — como um ponto de cruzamento em algum lugar atrás de todos os olhos. O rosto do pai, do professor primário, do coronel, do patrão se põem a redundar, remetendo a um centro de significância que percorre os diversos círculos e repassa por todos os segmentos. As microcabeças flexíveis, as ros-

---

[5] Sobre a iniciação de um xamã e o papel da árvore entre os índios Yanomamis, cf. Jacques Lizot, *Le Cercle des feux*, cit., pp. 127-35: "Entre seus pés cava-se às pressas um buraco, no qual se introduz o pé do mastro que é fincado ali. Turaewë traça no solo linhas imaginárias que irradiam ao seu redor. Ele diz: são raízes".

1933 — Micropolítica e segmentaridade

tificações animais são substituídas por um macro-rosto cujo centro está por toda parte e a circunferência em parte alguma. Não se tem mais *n* olhos no céu ou nos devires vegetais e animais, mas sim um olho central computador que varre todos os raios. O Estado central não se constituiu pela abolição de uma segmentaridade circular, mas por concentricidade dos círculos distintos ou por uma ressonância dos centros. *Existem já nas sociedades primitivas tantos centros de poder quanto nas sociedades com Estado; ou, se preferimos, existem ainda nas sociedades com Estado tantos centros de poder quanto nas primitivas.* Mas as sociedades com Estado se comportam como aparelhos de ressonância, elas organizam a ressonância, enquanto que as primitivas as inibem.[6]

3) Enfim, do ponto de vista de uma segmentaridade linear, diríamos que cada segmento se encontra realçado, retificado, homogeneizado no que o concerne, mas também em relação aos outros. Não só cada um tem sua unidade de medida, mas há equivalência e traduzibilidade das unidades entre si. É que o olho central tem por correlato um espaço em que ele se desloca, sendo que ele *[258]* próprio permanece invariante em relação aos seus deslocamentos. Desde a cidade grega e a reforma de Clístenes, aparece um espaço político homogêneo e isótopo que vem sobrecodificar os segmentos de linhagens, ao mesmo tempo que as distintas habitações se põem a ressoar num centro que atua como denominador comum.[7] E, mais distante que a cidade grega, Paul Virilio mostra como o Império Romano impõe uma

---

[6] O Estado portanto não se define apenas por um tipo de poderes, públicos, mas como uma caixa de ressonância para os poderes tanto privados quanto públicos. É nesse sentido que Althusser pode dizer: "A distinção do público e do privado é uma distinção interior ao direito burguês, e válida nos domínios subordinados onde o direito burguês exerce seus poderes. O domínio do Estado lhe escapa, pois ele está para além do Direito. (...) Ele é, ao contrário, a condição de qualquer distinção entre o público e o privado" ("Idéologie et appareils idéologiques d'État", *La Pensée*, n° 151, jun. 1970).

[7] Jean-Pierre Vernant, *Mythe et pensée chez les grecs*, Paris, Maspero, 1965, t. I, 3ª parte ("Devindo comum, edificando-se sobre o espaço público e aberto da ágora, não mais no interior das moradas privadas (...), a habitação exprime de agora em diante o centro enquanto denominador comum de todas as casas que constituem a *polis*", p. 210).

razão de Estado linear ou geométrica, que comporta um desenho geral dos campos e das praças fortes, uma arte universal de "demarcar por traçados", um planejamento territorial, uma substituição dos lugares e territorialidades pelo espaço, uma transformação do mundo em cidade, em suma uma segmentaridade cada vez mais dura.[8] É que os segmentos, realçados ou sobrecodificados, parecem ter perdido assim sua faculdade de brotar, sua relação dinâmica com segmentações em ato, que se fazem e se desfazem. Se há uma "geometria" primitiva (protogeometria) é uma geometria operatória em que as figuras nunca são separáveis de suas afecções, as linhas de seu devir, os segmentos de sua segmentação: há "arredondamentos", mas não círculo, "alinhamentos", mas não linha reta, etc. Ao contrário, a geometria de Estado, ou melhor, a ligação do Estado com a geometria, se manifestará no primado do elemento-teorema, que substitui formações morfológicas flexíveis por essências ideais ou fixas, afectos por propriedades, segmentações em ato por segmentos pré-determinados. A geometria e a aritmética adquirem a potência de um escalpelo. A propriedade privada implica um espaço sobrecodificado e esquadrinhado pelo cadastro. Não só cada linha tem seus segmentos, como também os segmentos de uma correspondem aos de outra: por exemplo, o regime salarial fará corresponder segmentos monetários, segmentos de produção e segmentos de bens consumíveis.

Podemos resumir as principais diferenças entre a segmentaridade dura e a segmentaridade flexível. Sob o modo duro, a segmentaridade binária vale por si mesma e depende de grandes *[259]* máquinas de binarização direta, enquanto que sob o outro modo as binaridades resultam de "multiplicidades com *n* dimensões". Em segundo lugar, a segmentaridade circular tende a devir concêntrica, isto é, ela faz coincidir todas as habitações num só centro, o qual não para de se deslocar, mas permanece invariante em seus deslocamentos, remetendo

---

[8] Paul Virilio, *L'Insécurité du territoire*, Paris, Stock, 1976, pp. 120, 174--5. Sobre a "castrametação": "a geometria é a base necessária para uma expansão calculada do poder do Estado no espaço e no tempo; portanto, o Estado possui em si, inversamente, uma figura suficiente, ideal, contanto que ela seja idealmente geométrica. (...) Mas Fénelon, opondo-se à política de Estado de Luís XIV, grita: Desconfiem dos feitiços e dos atributos diabólicos da geometria!".

a uma máquina de ressonância. Enfim, a segmentaridade linear passa por uma máquina de sobrecodificação que constitui o espaço homogêneo *more geometrico* e traça segmentos determinados em sua substância, sua forma e suas correlações. Notaremos que, a cada vez, a Árvore exprime essa segmentaridade endurecida. A Árvore é nó de arborescência ou princípio de dicotomia; ela é eixo de rotação que assegura a concentricidade; ela é estrutura ou rede esquadrinhando o possível. Mas, se opomos assim uma segmentaridade arborificada à segmentação rizomática, não é só para indicar dois estados de um mesmo processo, é também para evidenciar dois processos diferentes, pois as sociedades primitivas procedem essencialmente por códigos e territorialidades. É inclusive a distinção entre esses dois elementos, sistema tribal dos territórios, sistema de clãs das linhagens, que impede a ressonância,[9] ao passo que as sociedades modernas ou com Estado substituíram os códigos desgastados por uma sobrecodificação unívoca, e as territorialidades perdidas por uma reterritorialização específica (que se faz precisamente em espaço geométrico sobrecodificado). A segmentaridade aparece sempre como o resultado de uma máquina abstrata; mas não é a mesma máquina abstrata que opera no duro e no flexível.

Não basta pois opor o centralizado e o segmentário. Mas tampouco basta opor duas segmentaridades, uma flexível e primitiva, a outra moderna e endurecida, pois as duas efetivamente se distinguem mas são inseparáveis, embaralhadas uma com a outra, uma na outra. As sociedades primitivas têm núcleos de dureza, de arborificação, que

---

[9] Meyer Fortes analisa a diferença nos Tallensis, entre "guardiões da terra" e chefes. Esta distinção de poderes é bastante geral nas sociedades primitivas; mas o que conta é que ela esteja organizada precisamente de modo a impedir a ressonância dos poderes. Por exemplo, seguindo a análise de Berthe sobre os Baduj de Java, o poder do guardião da terra é por um lado considerado como passivo ou feminino, por outro lado ele é atribuído ao primogênito: não se trata de uma "intrusão do parentesco na ordem política", mas, ao contrário, "uma exigência de ordem política traduzida em termos de parentesco", para impedir o estabelecimento de uma ressonância da qual decorreria a propriedade privada (cf. Louis Berthe, "Âinés et cadets, l'alliance et la hiérarchie chez les Baduj", *L'Homme*, vol. 5, n° 3-4, jul. 1965).

tanto antecipam o Estado quanto o conjuram. Inversamente, nossas sociedades continuam banhando num tecido flexível sem o qual os segmentos duros não *[260]* vingariam. Não se pode atribuir a segmentaridade flexível aos primitivos. Ela não é nem mesmo a sobrevivência de um selvagem em nós; é uma função perfeitamente atual e inseparável da outra. Toda sociedade, mas também todo indivíduo, são pois atravessados pelas duas segmentaridades ao mesmo tempo: uma molar e outra *molecular*. Se elas se distinguem, é porque não têm os mesmos termos, nem as mesmas correlações, nem a mesma natureza, nem o mesmo tipo de multiplicidade. Mas, se são inseparáveis, é porque coexistem, passam uma para a outra, segundo diferentes figuras como nos primitivos ou em nós — mas sempre uma pressupondo a outra. Em suma, tudo é político, mas toda política é ao mesmo tempo *macropolítica* e *micropolítica*. Consideremos conjuntos do tipo percepção ou sentimento: sua organização molar, sua segmentaridade dura, não impede todo um mundo de microperceptos inconscientes, de afectos inconscientes, de segmentações finas, que não captam ou não sentem as mesmas coisas, que se distribuem de outro modo, que operam de outro modo. Uma micropolítica da percepção, da afecção, da conversa, etc. Se consideramos os grandes conjuntos binários, como os sexos ou as classes, vemos efetivamente que eles ocorrem também nos agenciamentos moleculares de outra natureza e que há uma dupla dependência recíproca, pois os dois sexos remetem a múltiplas combinações moleculares, que põem em jogo não só o homem na mulher e a mulher no homem, mas a relação de cada um no outro com o animal, a planta, etc.: mil pequenos-sexos. E as próprias classes sociais remetem a "massas" que não têm o mesmo movimento, nem a mesma repartição, nem os mesmos objetivos, nem as mesmas maneiras de lutar. As tentativas de distinguir massa e classe tendem efetivamente para este limite: *a noção de massa é uma noção molecular*, procedendo por um tipo de segmentação irredutível à segmentaridade molar de classe. No entanto as classes são efetivamente talhadas nas massas, elas as cristalizam. E as massas não param de vazar, de escoar das classes. Mas sua pressuposição recíproca não impede a diferença de ponto de vista, de natureza, de escala e de função (a noção de massa, assim compreendida, tem uma acepção totalmente diferente da que propõe Canetti).

1933 — Micropolítica e segmentaridade

Não basta definir a burocracia por uma segmentaridade dura, com divisão entre as repartições contíguas, chefe de repartição em cada segmento, e a centralização correspondente no fundo do corredor ou no alto da torre. Pois há ao mesmo tempo toda uma segmentação burocrática, uma flexibilidade e uma comunicação entre repartições, uma perversão de burocracia, uma *[261]* inventividade ou criatividade permanentes que se exercem inclusive contra os regulamentos administrativos. Se Kafka é o maior teórico da burocracia, é porque ele mostra como, num certo nível (mas qual? e que não é localizável), as barreiras entre repartições deixam de ser "limites precisos", mergulham num meio molecular que as dissolve, ao mesmo tempo que ele faz proliferar o chefe em microfiguras impossíveis de reconhecer, de identificar, e que são tão pouco discerníveis quanto centralizáveis: um outro regime que coexiste com a separação *e* a totalização dos segmentos duros.[10] Diremos, da mesma forma, que o fascismo implica um regime molecular que não se confunde nem com os segmentos molares nem com sua centralização. Sem dúvida, o fascismo inventou o conceito de Estado totalitário, mas não há por que definir o fascismo por uma noção que ele próprio inventa: há Estados totalitários sem fascismo, do tipo estalinista ou do tipo ditadura militar. O conceito de Estado totalitário só vale para uma escala macropolítica, para uma segmentaridade dura e para um modo especial de totalização e centralização. Mas o fascismo é inseparável de focos moleculares, que pululam e saltam de um ponto a outro, em interação, *antes* de ressoarem todos juntos no Estado nacional-socialista. Fascismo rural e fascismo de cidade ou de bairro, fascismo jovem e fascismo ex-combatente, fascismo de esquerda e de direita, de casal, de família, de escola ou de repartição: cada fascismo se define por um microburaco negro, que vale por si mesmo e comunica com os outros, antes de ressoar num grande buraco negro central generalizado.[11] Há fascismo

[10] Franz Kafka, *O castelo*, sobretudo cap. XIV (as declarações de Barnabé). A parábola das duas repartições — molar e molecular — não tem, assim, uma interpretação apenas física como a de Eddington, mas também uma interpretação propriamente burocrática.

[11] A força do livro de Jean-Pierre Faye, *Langages totalitaires* (Paris, Hermann, 1972), está em ter mostrado a multiplicidade de tais focos, práticos e se-

quando uma *máquina de guerra* encontra-se instalada em cada buraco, em cada nicho. Mesmo quando o Estado nacional-socialista se instala, ele tem necessidade da persistência desses microfascismos que lhe dão um meio de ação incomparável sobre as "massas". Daniel Guérin tem razão em dizer que se Hitler conquistou o poder mais do que o Estado Maior Alemão, foi porque dispunha em primeiro lugar de micro-organizações que lhe davam "um meio incomparável, *[262]* insubstituível, de penetrar em todas as células da sociedade", segmentaridade maleável e molecular, fluxos capazes da banhar cada gênero de células. Inversamente, se o capitalismo acabou por considerar a experiência fascista catastrófica, se ele preferiu aliar-se ao totalitarismo stalinista, muito mais sensato e tratável para o seu gosto, é que este tinha uma segmentaridade e uma centralização mais clássicas e menos fluentes. É uma potência micropolítica ou molecular que torna o fascismo perigoso, porque é um movimento de massa: um corpo canceroso mais do que um organismo totalitário. O cinema americano mostrou com frequência esses focos moleculares, fascismo de bando, de gangue, de seita, de família, da aldeia, de bairro, de carro e que não poupa ninguém. Não há senão o microfascismo para dar uma resposta à questão global: por que o desejo deseja sua própria repressão, como pode ele desejar sua repressão? É verdade que as massas não suportam passivamente o poder; elas tampouco "querem" ser reprimidas, numa espécie de histeria masoquista e tampouco estão enganadas por um engodo ideológico. Mas o desejo nunca é separável de agenciamentos complexos que passam necessariamente por níveis moleculares, microformações que moldam de antemão as posturas, as atitudes, as percepções, as antecipações, as semióticas, etc. O desejo nunca é uma energia pulsional indiferenciada, mas resulta ele próprio de uma montagem elaborada, de um *engineering* de altas interações: toda uma segmentaridade flexível que trata de energias moleculares e determi-

---

mióticos, a partir dos quais se constitui o nazismo. É por isso que Faye é ao mesmo tempo o primeiro a fazer uma análise rigorosa do conceito de Estado totalitário (em sua origem italiana e alemã), e também a recusar-se a definir o fascismo italiano e o nazismo alemão por esse conceito (que funciona num plano diferente do "processo subjacente"). Sobre todos esses pontos, Faye explicou-se em *La Critique du langage et son économie* (Paris, Galilée, 1973).

1933 — Micropolítica e segmentaridade

na eventualmente o desejo de já ser fascista. As organizações de esquerda não são as últimas a secretar seus microfascismos. É muito fácil ser antifascista no nível molar, sem ver o fascista que nós mesmos somos, que entretemos e nutrimos, que estimamos com moléculas pessoais e coletivas.

Evitaremos quatro erros que concernem essa segmentaridade maleável e molecular. O primeiro é axiológico e consistiria em acreditar que basta um pouco de flexibilidade para ser "melhor". Mas o fascismo é tanto mais perigoso por seus microfascismos, e as segmentações finas são tão nocivas quanto os segmentos mais endurecidos. O segundo é psicológico, como se o molecular pertencesse ao domínio da imaginação e remetesse somente ao individual ou ao interindividual. Mas não há menos Real-social numa linha do que na outra. Em terceiro lugar, as duas formas não se distinguem simplesmente pelas dimensões, como uma forma pequena e uma grande; e se é verdade que o molecular opera no detalhe e passa por pequenos grupos, nem por isso ele é menos coextensivo a todo campo social, tanto quanto a organização molar. Enfim, a diferença qualitativa *[263]* das duas linhas não impede que elas se aticem ou se confirmem de modo que há sempre uma relação proporcional entre as duas, seja diretamente proporcional, seja inversamente proporcional.

Com efeito, num primeiro caso, quanto mais a organização molar é forte, mais ela própria suscita uma molecularização de seus elementos, suas relações e seus aparelhos elementares. Quando a máquina devém planetária ou cósmica, os agenciamentos têm uma tendência cada vez maior a se miniaturizar e a devir microagenciamentos. Segundo a fórmula de Gorz, o capitalismo mundial não tem mais como elemento de trabalho senão um indivíduo molecular, ou molecularizado, isto é, de "massa". A administração de uma grande segurança molar organizada tem por correlato toda uma microgestão de pequenos medos, toda uma insegurança molecular permanente, a tal ponto que a fórmula dos ministérios do interior poderia ser: uma macropolítica da sociedade para e por uma micropolítica da insegurança.[12] No entanto, o segundo caso é mais importante ainda, dado que

---

[12] Sobre essa complementaridade "macropolítica da segurança — micropolítica do terror ", cf. Paul Virilio, *L'Insécurité du territoire*, cit., pp. 96, 130, 228-

os movimentos moleculares não vêm mais completar, mas contrariar e furar a grande organização mundial. É o que dizia o presidente Giscard D'Estaing em sua lição de geografia política e militar: quanto mais se equilibra entre leste e oeste, numa máquina dual, sobrecodificante e superarmada, mais se "desestabiliza" numa outra linha, do norte ao sul. Há sempre um Palestino mas também um Basco, um Corso, para fazer uma "desestabilização regional da segurança".[13] Assim, os dois conjuntos molares no leste e no oeste são permanentemente trabalhados por uma segmentação molecular, com fenda em zigue-zague, que faz com que eles tenham dificuldade em reter seus próprios segmentos. Como se uma linha de fuga, mesmo que começando por um minúsculo riacho, sempre corresse entre os segmentos, escapando de sua centralização, furtando-se à sua totalização. Os profundos movimentos que agitam uma sociedade se apresentam assim, ainda que sejam necessariamente "representados" como um afrontamento de segmentos molares. Diz-se erroneamente (sobretudo no marxismo) que uma sociedade se define por suas contradições. Mas isso só é verdade em grande escala. Do ponto de vista da micropolítica, uma sociedade se define por suas linhas de fuga, que são moleculares. *[264]* Sempre vaza ou foge alguma coisa, que escapa às organizações binárias, ao aparelho de ressonância, à máquina de sobrecodificação: aquilo que se atribui a uma "evolução dos costumes", os jovens, as mulheres, os loucos, etc. Maio de 68 na França era molecular, e suas condições ainda mais imperceptíveis do ponto de vista da macropolítica. Acontece então de pessoas muito limitadas ou muito velhas captarem o acontecimento melhor do que os mais avançados homens políticos, ou que assim se acreditam do ponto de vista da organização. Como dizia Gabriel Tarde, seria preciso saber que camponeses, e em que regiões do Midi, começaram a não mais cumprimentar os proprietários da vizinhança. Um proprietário muito velho e ultrapassado pode avaliar as coisas, a esse respeito, melhor do

-35. Notamos frequentemente nas grandes cidades modernas essa micro-organização de um "stress" permanente.

[13] Ver Giscard D'Estaing, discurso de 1º de junho de 1976 no Institut des Hautes Études de Défense Nationale (texto integral reproduzido em *Le Monde*, 4 de junho de 1976).

que um modernista. Maio de 68 é a mesma coisa: todos aqueles que julgavam em termos de macropolítica nada compreenderam do acontecimento, porque algo de inassinalável escapava. Os homens políticos, os partidos, os sindicatos, muitos homens de esquerda, ficaram com raiva; eles ficavam lembrando sem parar que as "condições" não estavam dadas. É como se tivessem sido destituídos provisoriamente de toda a máquina dual que fazia deles interlocutores válidos. Estranhamente, De Gaulle e até Pompidou compreenderam muito melhor do que os outros. Um fluxo molecular escapava, minúsculo no começo, depois aumentando sem deixar de ser inassinalável... No entanto, o inverso é também verdadeiro: as fugas e os movimentos moleculares não seriam nada se não repassassem pelas organizações molares e não remanejassem seus segmentos, suas distribuições binárias de sexos, de classes, de partidos.

A questão é, portanto, que o molar e o molecular não se distinguem somente pelo tamanho, escala ou dimensão, mas pela natureza do sistema de referência considerado. Talvez então seja preciso reservar as palavras "linha" e "segmentos" para a organização molar, e buscar outras palavras que convenham melhor à composição molecular. Com efeito, cada vez que se pode assinalar uma *linha de segmentos* bem determinados, percebe-se que ela se prolonga de uma outra forma, num *fluxo de quanta*. E a cada vez pode-se situar um "centro de poder" como estando na fronteira dos dois, e defini-lo não por seu exercício absoluto num campo, mas pelas adaptações e conversões relativas que ele opera entre a linha e o fluxo. Suponhamos uma linha monetária com segmentos. Tais segmentos podem ser determinados de diferentes pontos de vista — por exemplo, do ponto de vista de um orçamento de empresa: salários reais, lucros brutos, salários de direção, juros de capitais, reservas, investimentos..., etc. Ora essa linha de moeda-pagamento remete a todo um outro aspecto, isto é, a um fluxo de *[265]* moeda-financiamento que não comporta mais segmentos, e sim polos, singularidades e *quanta* (os polos do fluxo são a criação e a destruição da moeda, as singularidades são as disponibilidades nominais, os *quanta* são inflação, deflação, estagflação, etc.). Foi possível falar a esse respeito de um "fluxo mutante, convulsivo, criador e circulatório", vinculado ao desejo, sempre subjacente à linha sólida e aos segmentos que nele determinam o juro, a oferta e a demanda.[14] Numa balança de pagamento, reencontramos uma segmentaridade binária, que distingue, por exemplo, operações ditas autônomas e operações ditas compensatórias; mas, precisamente, os movimentos de capitais não se deixam segmentarizar assim, porque são "*os mais decompostos*, em função de sua natureza, de sua duração, da personalidade do credor e do devedor", de modo que "não se sabe mais onde colocar a linha" em relação a esse fluxo.[15] Nem por isso deixa de haver uma perpétua correlação dos dois aspectos, pois é com a linearização e a segmentarização que um fluxo se esgota, e é delas também que parte uma nova criação. Quando se fala de um poder bancário, concentrado principalmente nos bancos centrais, trata-se justamente desse poder relativo que consiste em regular "tanto quanto" possível a comunicação, a conversão, a coadaptação das duas partes do circuito. É por isso que os centros de poder se definem por aquilo que lhes escapa, pela sua impotência, muito mais do que por sua zona de potência. Em suma, o molecular, a microeconomia, a micropolítica, não se define no que lhe concerne pela pequenez de seus elementos, mas pela natureza de sua "massa" — o fluxo de *quanta*, por sua diferença em relação à linha de segmentos molar.[16] A tarefa de fazer segmentos corresponderem aos *quanta*, de ajustar os segmentos de acordo com os *quanta*, implica mudanças de ritmo e de modo,

[14] Sobre o "fluxo de poder mutante" e a distinção das duas moedas, cf. Bernard Schmitt, *Monnaie, salaires et profits*, Albeuve, Castella, 1975, pp. 236, 275-7.

[15] Michel Lelart, *Le Dollar, monnaie internationale*, Paris, Albatros, 1975, p. 57.

[16] Tomemos a análise de Foucault e o que ele chama de "microfísica do poder", em *Surveiller et punir* (Paris, Gallimard, 1975): em primeiro lugar, trata-se efetivamente de mecanismos miniaturizados, de focos moleculares que se exercem no detalhe ou no infinitamente pequeno, e que constituem "disciplinas" igualmente na escola, no exército, na fábrica, na prisão, etc. (cf. pp. 140 ss.). Mas, em segundo lugar, estes próprios segmentos e os focos que os trabalham em escala microfísica apresentam-se como as singularidades de um "diagrama" abstrato, coextensivo a todo o campo social, ou como quanta extraídos de um fluxo qualquer — sendo o fluxo qualquer definido por "uma multiplicidade de indivíduos" a ser controlada (cf. pp. 207 ss.).

1933 — Micropolítica e segmentaridade

mudanças que bem ou mal vão se fazendo, mais do que uma onipotência; e sempre escapa alguma coisa. *[266]*

Poderíamos tomar outros exemplos. Assim, quando se fala de um poder de Igreja, esse poder sempre esteve em relação com uma certa administração do pecado, que comporta uma forte segmentaridade: gêneros de pecado (sete pecados capitais), unidades de medida (quantas vezes?), regras de equivalência e de remissão (confissão, penitência...). Mas muito diferente, embora complementar, é aquilo que poderíamos chamar de fluxo molecular de pecabilidade: este encerra a zona linear, ele é como que negociado através dela, mas não comporta em si mesmo senão polos (pecado original — redenção ou graça) e *quanta* ("pecado de não atingir a consciência do pecado", pecado da consciência do pecado, pecado da continuação da consciência do pecado).[17] Poderíamos dizer o mesmo de um fluxo de criminalidade, por sua diferença em relação à linha molar de um código jurídico e suas divisões. Ou então, quando se fala de um poder militar, de um poder de exército, considera-se uma linha segmentarizável segundo tipos de guerra, que correspondem precisamente aos Estados que fazem a guerra e às metas políticas que tais Estados se propõem (da guerra "limitada" à guerra "total"). Mas, de acordo com a intuição de Clausewitz, muito diferente é a máquina de guerra, isto é, um fluxo de guerra *absoluta* que escoa de um polo ofensivo a um polo defensivo e não é marcado senão por *quanta* (forças materiais e psíquicas que são como que disponibilidades nominais da guerra). Do fluxo puro, pode-se dizer que ele é abstrato e no entanto real; ideal e no entanto eficaz; absoluto e no entanto "diferenciado". É verdade que não se apreende o fluxo e seus *quanta* senão através dos índices da linha de segmentos; mas, inversamente, esta e aqueles não existem senão através do fluxo que os banha. Em todos os casos, vê-se que a linha de segmentos (macropolítica) mergulha e se prolonga num fluxo de *quanta* (micropolítica) que não para de remanejar seus segmentos, de agitá-los:

---

[17] Sobre a "pecabilidade quantitativa", os *quanta* e o salto qualitativo, nos reportaremos a toda uma microteologia constituída por Kierkegaard em *O conceito de angústia*.

A: fluxo e polos
a: *quanta*
b: linha e segmentos
B: centro de poder
(O conjunto é um *ciclo*
ou um *período*)

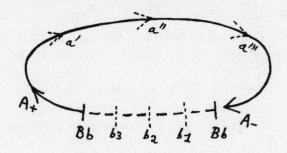

[267] Homenagem a Gabriel Tarde (1843-1904): sua obra, por muito tempo esquecida, reencontrou atualidade sob influência da sociologia americana, especialmente a microssociologia. Ele tinha sido esmagado por Durkheim e sua escola (numa polêmica do mesmo gênero e tão dura quanto a de Cuvier contra Geoffroy Saint-Hilaire). É que Durkheim encontrava um objeto privilegiado nas grandes representações coletivas, geralmente binárias, ressoantes, sobrecodificadas... Tarde objecta que as representações coletivas supõem aquilo que é preciso explicar, isto é, "a similitude de milhões de homens". É por isso que Tarde se interessa mais pelo mundo do detalhe ou do infinitesimal: as pequenas *imitações, oposições e invenções*, que constituem toda uma matéria sub-representativa. E as melhores páginas de Tarde são aquelas em que ele analisa uma minúscula inovação burocrática, ou linguística, etc. Os durkheimianos responderam que se tratava de psicologia ou interpsicologia, e não de sociologia. Mas isso só é verdadeiro aparentemente, numa primeira aproximação: uma microimitação parece efetivamente ir de um indivíduo a um outro. Ao mesmo tempo, e mais profundamente, ela diz respeito a um fluxo ou a uma onda, e não ao indivíduo. *A imitação é a propagação de um fluxo; a oposição é a binarização, a colocação dos fluxos em binaridade; a invenção é uma conjugação ou uma conexão de fluxos diversos.* E o que é fluxo, segundo Tarde? É crença ou desejo (os dois aspectos de todo agenciamento); um fluxo é sempre de crença e de desejo. As crenças e os desejos são o fundo de toda sociedade, porque são fluxos "quantificáveis" enquanto tais, verdadeiras Quantidades sociais, enquanto que as sensações são qualitativas e as representações, simples

resultantes.[18] A imitação, a oposição, a invenção infinitesimais são, portanto, como *quanta* de fluxo, que marcam uma propagação, uma binarização ou uma conjugação de crenças e de desejos. Daí a importância da estatística, desde que ela se ocupe das pontas e não só da zona "estacionária" das representações, pois, afinal de contas, a diferença não é absolutamente entre o social e o individual (ou interindividual), mas entre o campo molar das representações, sejam elas coletivas ou individuais, e o campo molecular das crenças e dos desejos, onde a distinção entre o social e o indivíduo perde todo sentido, uma vez que os fluxos não são mais *[268]* atribuíveis a indivíduos do que sobrecodificáveis por significantes coletivos. Enquanto que as representações definem de antemão grandes conjuntos ou segmentos determinados numa linha, as crenças e os desejos são fluxos marcados de *quanta*, que se criam, se esgotam ou se modificam, e que se somam, se subtraem ou se combinam. Tarde é o inventor de uma microssociologia, à qual ele dá toda sua extensão e alcance, denunciando por antecipação os contrassensos de que será vítima.

Eis como se poderia distinguir a linha de segmentos e o fluxo de *quanta*. Um fluxo mutante implica sempre algo que tende a escapar aos códigos não sendo, pois, capturado, e a evadir-se dos códigos, quando capturado; e os *quanta* são precisamente signos ou graus de desterritorialização no fluxo descodificado. Ao contrário, a linha dura implica uma sobrecodificação que substitui os códigos desgastados e os segmentos são como que reterritorializações na linha sobrecodificante ou sobrecodificada. Voltemos ao caso do pecado original: é o próprio ato de um fluxo que marca uma descodificação relativamente à criação (com uma só ilhota conservada para a Virgem) e uma desterritorialização relativamente à terra adâmica; mas ele opera ao mesmo tempo uma sobrecodificação através de organizações binárias e de ressonância (Poderes, Igreja, impérios, ricos-pobres, homens-mulheres..., etc.), e reterritorializações complementares (na terra de Caim,

---

[18] Segundo Tarde, a psicologia é quantitativa, mas na medida em que ela estuda os componentes de desejo e de crença na sensação. E a lógica é quantitativa quando não se atém às formas de representação, mas atinge os graus de crença e de desejo e suas combinações; cf. Gabriel Tarde, *La Logique sociale*, Paris, Félix Alcan, 1893.

no trabalho, na geração, no dinheiro...). Ora, simultaneamente: os dois sistemas de referência estão em razão inversa, no sentido em que um escapa do outro e o outro detém o um, impedindo-o de fugir mais; mas eles são estritamente complementares e coexistentes, porque um não existe senão em função do outro; e, no entanto, são diferentes, em razão direta, mas sem se corresponder termo a termo, porque o segundo não detém efetivamente o primeiro senão num "plano" que não é mais o plano do primeiro, e porque o primeiro continua seu impulso em seu próprio plano.

Um campo social não para de ser animado por toda espécie de movimentos de descodificação e de desterritorialização que afeta "massas", segundo velocidades e andamentos diferentes. Não são contradições, são fugas. Tudo é problema de *massa*, nesse nível. Por exemplo, por volta dos séculos X-XIV, vemos precipitarem-se os fatores de descodificação e as velocidades de desterritorialização: massas dos últimos invasores surgindo do norte, do leste e do sul; massas militares que devêm bandos de pilhagem; massas eclesiásticas tornando-se alvo de infiéis e hereges e se propondo objetivos cada vez mais desterritorializados; massas camponesas deixando os domínios senhoriais; massas senhoriais tendo que encontrar elas próprias meios de exploração muito menos *[269]* territoriais do que a servidão; massas urbanas separando-se do interior do país e encontrando nas cidades equipamentos cada vez menos territorializados; massas femininas desprendendo-se do antigo código passional e conjugal; massas monetárias deixando de ser objeto de entesouramento para injetar-se nos grandes circuitos comerciais.[19] Pode-se citar as Cruzadas como operando uma conexão desses fluxos, de tal modo que cada um relança e precipita os outros (inclusive o fluxo de feminilidade na "Princesa longínqua", e também o fluxo de crianças nas Cruzadas do século XIII). Mas é ao mesmo tempo e de modo inseparável que se produzem as sobrecodificações e as reterritorializações. As Cruzadas são sobrecodificadas pelo papa, que também lhes estabelece objetivos territoriais. A Terra santa, a paz de Deus, um novo tipo de abadias, novas figuras da mo-

---

[19] Sobre todos estes pontos, cf. especialmente Maurice Dobb, *Études sur le développement du capitalisme* (Paris, Maspero, 1969); Georges Duby, *Guerriers et paysans* (Paris, Gallimard, 1973).

eda, novos modos de exploração do camponês por arrendamento e assalariamento (ou volta à escravatura), reterritorializações de cidade, etc., formam um sistema complexo. Desse ponto de vista, portanto, devemos introduzir uma diferença entre duas noções, *a conexão e a conjugação* dos fluxos, pois se a "conexão" marca a maneira pela qual os fluxos descodificados e desterritorializados são lançados uns pelos outros, precipitam sua fuga comum e adicionam ou aquecem seus *quanta*, a "conjugação" desses mesmos fluxos indica sobretudo sua parada relativa, como um ponto de acumulação que agora obstrui ou veda as linhas de fuga, opera uma reterritorialização geral, e faz passar os fluxos sob o domínio de um deles, capaz de sobrecodificá-los. Mas é sempre exatamente o fluxo mais desterritorializado, conforme o primeiro aspecto, que opera a acumulação ou a conjugação dos processos, determina a sobrecodificação e serve de base para a reterritorialização, conforme o segundo aspecto (encontramos um teorema segundo o qual é sempre *sobre* o mais desterritorializado que se faz a reterritorialização). Assim a burguesia comerciante das cidades conjuga ou capitaliza um saber, uma tecnologia, agenciamentos e circuitos sob a dependência dos quais *entrarão* a nobreza, a Igreja, os artesãos e os próprios camponeses. É porque ela é ponta da desterritorialização, verdadeiro acelerador de partículas, que ela opera também a reterritorialização de conjunto.

A tarefa do historiador é assinalar o "período" de coexistência ou de simultaneidade dos dois movimentos (de um lado, descodificação-desterritorialização e, de outro, sobrecodificação-reterritorialização). E é nesse período que se distingue o aspecto *[270]* molecular do aspecto molar: de um lado as *massas* ou *fluxos*, com suas mutações, seus *quanta* de desterritorialização, suas conexões, suas precipitações; de outro lado, as *classes* ou *segmentos*, com sua organização binária, sua ressonância, sua conjunção ou acumulação, sua linha de sobrecodificação em proveito de uma delas.[20] A diferença entre uma

---

[20] Foi Rosa Luxemburg (*Oeuvres*, I, Paris, Maspero, 1969) quem levantou o problema das diferenças e das relações entre massas e classes, porém de um ponto de vista ainda subjetivo: as massas como "base instintiva da consciência de classe" (cf. o artigo de Boulte e Moiroux em "Rosa Luxemburg vivante", *Partisans*, nº 45, 1969). Badiou e Balmès propõem uma hipótese mais objetiva: as massas se-

macro-história e uma micro-história não concerne de modo algum o tamanho das durações consideradas, o grande e o pequeno, mas sistemas de referência distintos, conforme se considere uma linha sobrecodificada de segmentos ou um fluxo mutante de *quanta*. E o sistema duro não detém o outro: o fluxo continua sob a linha, perpetuamente mutante, enquanto a linha totaliza. *Massa* e *classe* não têm os mesmos contornos nem a mesma dinâmica, ainda que o mesmo grupo seja afetado pelos dois signos. A burguesia como massa *e* como classe... Uma massa não tem com as outras massas as mesmas relações que a classe "correspondente" com as outras classes. Seguramente, não há menos relações de força e de violência de um lado do que do outro. Mas, precisamente, a mesma luta assume dois aspectos muito diferentes, onde as vitórias e as derrotas não são as mesmas. Os movimentos de massa se precipitam e se revezam (ou se apagam por um longo momento, com longos torpores), mas saltam de uma classe a outra, passam por mutações, exalam ou emitem novos *quanta* que vêm modificar as relações de classe, questionar novamente sua sobrecodificação e sua reterritorialização, fazer passar noutro lugar novas linhas de fuga. Há sempre um mapa variável das massas sob a reprodução das classes. A política opera por macrodecisões e escolhas binárias, interesses binarizados; mas o domínio do decidível permanece estreito. E a decisão política mergulha necessariamente num mundo de microdeterminações, atrações e desejos, que ela deve pressentir ou avaliar de um outro modo. Há uma avaliação dos fluxos e de seus *quanta*, sob as concepções [271] lineares e as decisões segmentárias. Uma página curiosa de Michelet condena Francisco I por ter mal avaliado o fluxo de emigração que empurrava para a França muita gente em luta contra a Igreja: Francisco I viu nisso apenas uma afluência de possíveis soldados, ao invés de perceber aí um fluxo molecular de

---

riam "invariantes" que se opõem à forma-Estado em geral e à exploração, enquanto que as classes seriam variáveis históricas que determinam o Estado concreto e, no caso do proletariado, a possibilidade de uma dissolução efetiva (Alan Badiou e François Balmès, *De l'idéologie*, Paris, Maspero, 1976). Mas não dá para perceber, de um lado, por que as massas não são elas próprias variáveis históricas; e, de outro, por que elas são reservadas aos explorados ("massa camponesa — plebeia"), quando a palavra é igualmente adequada para as massas senhoriais, burguesas — ou até monetárias.

1933 — Micropolítica e segmentaridade

massa de que a França teria podido tirar proveito, assumindo a liderança de uma Reforma diferente daquela que se produziu.[21] Os problemas se apresentam sempre desse jeito. Boa ou má, a política e seus julgamentos são sempre molares, mas é o molecular, com suas apreciações, que a "faz".

Estamos mais aptos a desenhar um mapa. Se reatribuímos à palavra "linha" um sentido muito geral, vemos que não há somente duas linhas, mas três linhas efetivamente: 1) Uma linha relativamente flexível de códigos e de territorialidades entrelaçados; é por isso que partimos de uma segmentaridade dita *primitiva*, na qual as segmentações de territórios e de linhagens compunha o espaço social; 2) Uma linha dura que opera a organização dual dos segmentos, a concentricidade dos círculos em ressonância, a sobrecodificação generalizada: o espaço social implica aqui um *aparelho de Estado*. É um sistema outro que o primitivo, precisamente porque a sobrecodificação não é um código ainda mais forte, mas um procedimento específico, diferente daquele dos códigos (assim como a reterritorialização não é um território a mais, mas se faz num outro espaço que os territórios — precisamente, no espaço geométrico sobrecodificado); 3) Uma ou algumas linhas de fuga, marcadas por *quanta*, definidas por descodificação e desterritorialização (há sempre algo como uma *máquina de guerra* funcionando nessas linhas).

Mas essa apresentação tem ainda o inconveniente de fazer como se as sociedades primitivas fossem primeiras. Na verdade, os códigos nunca são separáveis do movimento de descodificação, os territórios, dos vetores de desterritorialização que os atravessam. E a sobrecodificação e a reterritorialização tampouco vêm depois. É antes como um espaço onde coexistem as três espécies de linhas estreitamente misturadas: tribos, impérios e máquinas de guerra. Poder-se-ia dizer igualmente que as linhas de fuga são primeiras, *ou* os segmentos já endurecidos, e que as segmentações flexíveis não param de oscilar entre os dois. Suponhamos uma proposição como a do historiador Pirenne, a respeito das tribos bárbaras: "Não foi espontaneamente que os *Bárbaros* se atiraram sobre o *Império*; eles foram para lá empurrados pela

---

[21] Jules Michelet, *Histoire de France: La Renaissance*.

precipitação dos *hunos*, que *[272]* iria determinar toda a sequência das invasões...[22] Eis de um lado a segmentaridade dura do império romano, com seu centro de ressonância e sua periferia, seu Estado, sua *pax romana*, sua geometria, seus campos, suas fronteiras. E, depois, no horizonte, uma linha totalmente outra, a dos nômades que saem da estepe, empreendem uma fuga ativa e fluente, levando por toda a parte a desterritorialização, lançando fluxos cujos *quanta* se aquecem, acionados por uma máquina de guerra sem Estado. Os Bárbaros migrantes estão efetivamente entre os dois: eles vão e vêm, passam e repassam as fronteiras, pilham ou espoliam, mas também se integram e se reterritorializam. Ora penetram no império, do qual atribuem-se tal segmento, fazem-se mercenários ou federados, fixam-se, ocupam terras, ou eles próprios delineiam Estados (os sábios Visigodos). Ora, ao contrário, passam para o lado dos nômades e a eles se associam, devindo indiscerníveis (os brilhantes Ostrogodos). Talvez porque jamais deixaram de ser derrotados por Hunos e Visigodos, os Vândalos, "Godos de segunda zona", traçam uma linha de fuga que os torna tão fortes quanto seus senhores: é o único bando ou massa a transpor o mediterrâneo. Mas são eles também que fazem a mais inesperada reterritorialização: um império da África.[23] Parece, portanto, que as três linhas não só coexistem, mas também se transformam, passam uma nas outras. E ainda citamos apenas um exemplo sumário, no qual as linhas são ilustradas por grupos diferentes. Tanto mais plausível quando se passa no mesmo grupo, no mesmo indivíduo.

Seria preferível, a partir daí, considerar estados simultâneos da Máquina abstrata. De um lado, há uma *máquina abstrata de sobrecodificação*: é ela que define uma segmentaridade dura, uma macrossegmentaridade, porque ela produz, ou melhor, reproduz os segmentos, opondo-os de dois em dois, fazendo ressoar todos os seus centros, e estendendo um espaço homogêneo, divisível, estriado em todos os sentidos. Uma máquina abstrata desse tipo remete ao aparelho de Estado. Não confundimos, no entanto, esta máquina abstrata e o apa-

---

[22] Henri Pirenne, *Mahomet et Charlemagne*, Paris, PUF, 1970, p. 7.

[23] Cf. Émile-Félix Gautier, *Genséric, roi des Vandales*, Paris, Payot, 1935 ("exatamente porque eram os mais fracos, eternamente empurrados por trás, é que foram forçados a ir mais longe").

1933 — Micropolítica e segmentaridade

relho de Estado. Definir-se-á, por exemplo, a máquina abstrata *more geometrico*, ou em outras condições por uma "axiomática"; mas o aparelho de Estado não é nem a geometria nem a axiomática: ele é apenas o agenciamento de reterritorialização que efetua a máquina de sobrecodificação em tais limites e sob tais condições. Pode-se só dizer que o aparelho de Estado tende mais ou menos a identificar-se com essa máquina *[273]* abstrata que ele efetua. É aqui que a noção de Estado totalitário adquire seu sentido: um Estado devém totalitário quando, ao invés de efetuar em seus próprios limites a máquina mundial de sobrecodificação, ele identifica-se com ela, criando as condições de uma "autarquia", fazendo uma reterritorialização por "vaso fechado", por confinamento, no artifício do vazio (o que nunca é uma operação ideológica, mas sim econômica e política).[24]

Por outro lado, no outro polo, há uma máquina abstrata de mutação que opera por descodificação e desterritorialização. É ela que traça as linhas de fuga: pilota os fluxos de *quanta*, assegura a criação-conexão dos fluxos, emite novos *quanta*. Ela própria está em estado de fuga e erige máquinas de guerra sobre suas linhas. Se a máquina abstrata de mutação constitui um outro polo, é porque os segmentos duros ou molares não param de vedar, de obstruir, de barrar as linhas de fuga, enquanto ela não para de fazê-las escoar "entre" os segmentos duros e numa outra direção, submolecular. Mas também entre os dois polos há todo um domínio de negociação, de tradução, de transdução propriamente molecular, onde ora as linhas molares já estão trabalhadas por fissuras e fendas, ora as linhas de fuga já atraídas em direção a buracos negros, as conexões de fluxos já substituídas por conjunções limitativas, as emissões de *quanta* convertidas em pontos-centro. E é tudo ao mesmo tempo. Ao mesmo tempo as linhas de fuga conectam e continuam suas intensidades, fazem jorrar signos-partículas fora dos buracos negros; mas elas se aplicam sobre buracos ne-

---

[24] O que define o totalitarismo não é a importância de um setor público, pois a economia em muitos casos permanece liberal. É a constituição artificial de "vasos fechados", de confinamento, especialmente monetário e mesmo industrial. É antes nesse sentido que o fascismo italiano e o nazismo alemão constituem Estados totalitários, como mostra Daniel Guérin (*Fascisme et grand capital*, Paris, Maspero, 1965, cap. IX).

gros, onde rodopiam sobre conjunções moleculares que as interrompem; e ainda entram em segmentos estáveis, binarizados, concentrizados, voltados para um buraco negro central, sobrecodificados.

A questão *O que é um centro ou um foco de poder?* é apropriada para mostrar o emaranhamento de todas essas linhas. Fala-se de um poder de exército, de Igreja, de escola, de um poder público ou privado... Os centros de poder concernem, evidentemente, os segmentos duros. Cada segmento molar tem seu, seus centros. Pode-se objetar que os próprios segmentos supõem um centro de poder como aquilo que os distingue e os reúne, os opõe e os faz ressoar. Mas não há contradição alguma entre as partes segmentárias e o aparelho centralizado. Por um lado, a mais dura segmentaridade não impede a centralização: *[274]* é que o ponto central comum não age como um ponto onde os outros pontos se confundiriam, mas como um ponto de ressonância no horizonte, atrás de todos os outros pontos. O Estado não é um ponto que toma para si a responsabilidade dos outros, mas uma caixa de ressonância para todos os pontos. E mesmo quando o Estado é totalitário, sua função de ressonância para centros e segmentos distintos não muda: ela apenas se faz em condições de vaso fechado, de isolamento que aumenta seu alcance interno, ou redobra a "ressonância" através de um "movimento forçado". Por outro lado — e inversamente — a mais estrita centralização não suprime, assim, a distinção dos centros, dos segmentos e dos círculos. A linha sobrecodificadora, efetivamente, não se traça sem assegurar a prevalência de um segmento enquanto tal sobre o outro (no caso da segmentaridade binária), sem dar a tal centro um poder de ressonância relativa em relação a outros (no caso da segmentaridade circular), sem realçar o segmento dominante pelo qual ela própria passa (no caso da segmentaridade linear). Nesse sentido, a centralização é sempre hierárquica, mas a hierarquia é sempre segmentária.

Cada centro de poder é igualmente molecular, exercendo-se sobre um tecido micrológico onde ele só existe enquanto difuso, disperso, desacelerado, miniaturizado, incessantemente deslocado, agindo por segmentações finas, operando no detalhe e no detalhe do detalhe. A análise das "disciplinas" ou micropoderes, segundo Foucault (escola, exército, fábrica, hospital, etc.), atestam estes "focos de instabilidade" onde se afrontam reagrupamentos e acumulações, mas também escapadas e fugas, e onde se produzem inversões.[25] Não é mais "o" professor, mas o inspetor, o melhor aluno, o cabulador de aula, o zelador, etc. Não é mais o general, mas os oficiais subalternos, os suboficiais, o soldado em mim, o encrenqueiro também, cada um com suas tendências, seus polos, seus conflitos, suas relações de força. E mesmo o ajudante de ordens, o zelador só estão sendo invocados para que se compreenda melhor, pois eles têm um lado molar *e* um lado molecular, e tornam evidente que também o general, o proprietário já tinham os dois lados. Diríamos que o nome próprio não perde seu poder, mas encontra um novo poder quando entra nessas zonas de indiscernibilidade. Para falar como Kafka, não é mais o funcionário *[275]* Klamm, mas talvez seu secretário Momus, ou outros Klamm moleculares, cujas diferenças, entre si e em relação a Klamm, são tão maiores que não podem mais ser assinaladas ("esses funcionários não se contentam sempre com os mesmos livros, mas eles não os mudam de lugar, eles próprios é que mudam de lugar, sendo obrigados a se esmagar uns contra os outros por causa da estreiteza da passagem...". "Este funcionário se parece efetivamente com Klamm, e se estivesse no escritório dele, em sua escrivaninha, e com seu nome na porta, eu não duvidaria nem um instante...", diz Barnabé, que sonharia com uma segmentaridade unicamente molar, por mais dura e terrível que fosse, como única garantia de certeza e de segurança, mas que é obrigado a perceber que os segmentos molares mergulham necessariamente nessa sopa molecular que lhes serve de alimento e faz tremer seus contornos). E não há mais centro de poder que não tenha essa microtextura. É ela — e não o masoquismo — que explica que um oprimido possa sempre ocupar um lugar ativo no sistema de opressão: os operários dos países ricos participando ativamente da exploração do terceiro mundo, do armamento das ditaduras, da poluição da atmosfera.

E não é de se espantar, pois essa textura está entre a linha de sobrecodificação, de segmentos duros, e a linha última, de *quanta*. Ela

---

[25] Foucault, *Surveiller et punir*, cit., p. 32: "Tais relações vão fundo na espessura da sociedade, elas não se localizam nas relações do Estado com os cidadãos ou na fronteira das classes, e não se contentam em reproduzir (...) a forma geral da lei ou do governo. (...) Elas definem inúmeros pontos de afrontamento, focos de instabilidade comportando cada um seus riscos de conflito, de lutas e de inversão ao menos transitória das relações de força".

não para de oscilar entre os dois, ora abatendo a linha de *quanta* sobre a linha de segmentos, ora fazendo com que fluxos e *quanta* fujam da linha de segmentos. É justamente este o terceiro aspecto dos centros de poder, ou seu limite. Pois tais centros não têm outra razão a não ser a de traduzir, tanto quanto possível, os *quanta* de fluxo em segmentos de linha (sendo que só os segmentos são totalizáveis, de uma maneira ou de outra). Porém, encontram aí ao mesmo tempo o princípio de sua potência e o fundo de sua impotência. E, longe de se oporem, a potência e a impotência se completam e se reforçam mutuamente, numa espécie de satisfação fascinante que encontramos eminentemente entre os mais medíocres homens de Estado, e que define sua "glória". Pois eles extraem glória de sua imprevisão, e potência de sua impotência, visto que a impotência confirma que não havia escolha. Os únicos "grandes" homens de Estado são aqueles que se conectam a fluxos, como signos-piloto, signos-partículas, e emitem *quanta* transpondo os buracos negros: não é por acaso que esses homens só se encontram nas linhas de fuga, traçando-as, pressentindo-as, seguindo-as ou antecipando-as, mesmo que se enganem e caiam (Moisés, o Hebreu; Genserico, o Vândalo; Gêngis Khan, o Mongol; Mao, o Chinês...). Mas não há Poder que regule os próprios fluxos. Não se domina nem mesmo o aumento de uma *[276]* "massa monetária". Quando se projeta aos limites do universo uma imagem de senhor, uma ideia de Estado ou de governo secreto, como se uma dominação se exercesse sobre os fluxos tanto quanto e do mesmo modo que sobre os segmentos, cai-se numa representação ridícula e fictícia. A Bolsa dá uma imagem dos fluxos e de seus *quanta*, melhor do que o Estado. Os capitalistas podem dominar a mais-valia e sua distribuição, mas não dominam os fluxos dos quais decorre a mais-valia. Em compensação, os centros de poder se exercem nos pontos onde os fluxos se convertem em segmentos: são permutadores, conversores, osciladores. Entretanto, isto não quer dizer que os próprios segmentos dependam de um poder de decisão. Vimos, ao contrário, como os segmentos (por exemplo, as classes) se formavam na conjunção de massas e de fluxos desterritorializados, o fluxo mais desterritorializado determinando o segmento dominante: é o caso do dólar, segmento dominante de moeda, o caso da burguesia, segmento dominante do capitalismo..., etc. Os próprios segmentos dependem, portanto, de

1933 — Micropolítica e segmentaridade

uma máquina abstrata. Mas o que depende dos centros de poder são agenciamentos que efetuam esta máquina abstrata, isto é, que não param de adaptar as variações de massa e de fluxo aos segmentos da linha dura, em função do segmento dominante e dos segmentos dominados. Pode haver muita invenção perversa nessas adaptações.

É nesse sentido que se falará, por exemplo, de um poder bancário (banco mundial, bancos centrais, bancos de crédito): se o fluxo de moeda-financiamento, moeda de crédito, remete à massa de transações econômicas, o que depende dos bancos é a conversão desta moeda de crédito *criada* em moeda de pagamento segmentária, *apropriada*, moeda metálica ou de Estado, compradora de bens eles próprios segmentarizados (importância, nesse aspecto, da taxa de juros). O que depende dos bancos é a conversão das duas moedas, a conversão dos segmentos da segunda moeda em conjunto homogêneo e a conversão da segunda em um bem qualquer.[26] O mesmo poderá ser dito em relação a qualquer centro de poder. Todo centro de poder tem efetivamente estes três aspectos ou estas três zonas: 1) sua zona de potência, relacionada com os segmentos de uma linha sólida dura; 2) sua zona de indiscernibilidade, relacionada com sua difusão num tecido microfísico; 3) sua zona de impotência, relacionada com os fluxos e *quanta* que ele só consegue converter, e não controlar nem determinar. Ora, é sempre do fundo de sua impotência que cada centro de poder extrai sua potência: *[277]* daí sua maldade radical e sua vaidade. Antes ser um minúsculo *quantum* de fluxo do que um conversor, um oscilador, um distribuidor molar! Para voltar ao exemplo monetário, a primeira zona é representada pelos bancos centrais públicos; a segunda, pela "série indefinida de relações privadas entre os bancos e os que contraem empréstimos"; a terceira, pelo fluxo desejante de moeda cujos *quanta* são definidos pela massa de transações econômicas. É verdade que os mesmos problemas se colocam e se reproduzem no próprio nível dessas transações, com outros centros de poder. Mas, em todos os casos, a primeira zona do centro de poder define-se no aparelho de Estado, como agenciamento que efetua a máquina abstrata de sobrecodificação molar; a segunda define-se no tecido molecular

---

[26] Sobre estes aspectos do poder bancário, cf. Suzanne de Brunhoff, *L'Offre de monnaie*, Paris, Maspero, 1971, sobretudo, pp. 102-31.

onde mergulha esse agenciamento; a terceira define-se na máquina abstrata de mutação, fluxo e *quanta*.

Mas não podemos dizer destas três linhas que uma seja má e outra boa, por natureza e necessariamente. O estudo dos perigos em cada linha é o objeto da pragmática ou da esquizoanálise, visto que ela não se propõe a representar, interpretar nem simbolizar, mas apenas a fazer mapas e traçar linhas, marcando suas misturas tanto quanto suas distinções. Nietzsche fazia Zaratustra dizer, Castañeda faz o índio Dom Juan dizer: há três e até quatro perigos; primeiro o Medo, depois a Clareza, depois o Poder e, enfim, o grande Desgosto, a vontade de fazer morrer e de morrer, Paixão de abolição.[27] O medo, podemos adivinhar o que é. Tememos, o tempo todo, perder. A segurança, a grande organização molar que nos sustenta, as arborescências onde nos agarramos, as máquinas binárias que nos dão um estatuto bem definido, as ressonâncias onde entramos, o sistema de sobrecodificação que nos domina — tudo isso nós desejamos. "Os valores, as morais, as pátrias, as religiões e as certezas privadas que nossa vaidade e autocomplacência generosamente nos outorgam, são diferentes moradas que o mundo arranja para aqueles que pensam, desta forma, manter-se de pé e em repouso entre as coisas estáveis; eles nada sabem desse imenso desarranjo no qual eles próprios se vão... *fuga diante da fuga*".[28] Fugimos diante da fuga, endurecemos nossos segmentos, entregamo-nos à lógica binária, seremos tanto mais duros em tal segmento quanto terão sido duros conosco em tal outro segmento; reterritorializamo-nos em qualquer coisa, *[278]* não conhecemos segmentaridade senão molar, tanto no nível dos grandes conjuntos aos quais pertencemos, quanto no nível dos pequenos grupos onde nos colocamos e daquilo que se passa conosco no mais íntimo ou mais privado. Tudo é concernido: a maneira de perceber, o gênero de ação, a maneira de se mover, o modo de vida, o regime semiótico. O homem que entra dizendo: "A sopa está pronta?", a mulher que responde: "Que cara! Você está de mau humor?", efeito de segmentos duros que se afron-

[27] Carlos Castañeda, *L'Herbe du diable et la petite fumée*, Paris, Éditions du Soleil Noir, 1972, pp. 106-11.

[28] Maurice Blanchot, *L'Amitié*, Paris, Gallimard, 1971, p. 232.

1933 — Micropolítica e segmentaridade

tam de dois em dois. Quanto mais a segmentaridade for dura, mais ela nos tranquiliza. Eis o que é o medo, e como ele nos impele para a primeira linha.

O segundo perigo, a Clareza, parece menos evidente. É que a clareza, efetivamente, concerne o molecular. Aqui também tudo é concernido, até a percepção, a semiótica, só que na segunda linha. Castañeda mostra, por exemplo, a existência de uma percepção molecular que a droga nos abre (mas tantas coisas podem servir de droga): acedemos a uma micropercepção sonora e visual que revela espaços e vazios, como buracos na estrutura molar. É precisamente isto a clareza: essas distinções que se estabelecem naquilo que nos parecia pleno, esses buracos no compacto; e inversamente, lá onde víamos até há pouco arremates de segmentos bem definidos, o que há, sobretudo, são franjas incertas, invasões, superposições, migrações, atos de segmentação que não coincidem mais com a segmentaridade dura. Tudo deveio flexibilidade aparente, vazios no pleno, nebulosas nas formas, tremidos nos traços. Tudo adquiriu a clareza do microscópio. Acreditamos ter entendido tudo e tirado todas as consequências disso. Somos os novos cavaleiros, temos até uma missão. Uma microfísica do migrante tomou o lugar da macrogeometria do sedentário. Mas essa flexibilidade e essa clareza não têm apenas seu perigo próprio, elas próprias são um perigo. Em primeiro lugar, porque a segmentaridade flexível corre o risco de reproduzir em miniatura as afecções, as afectações da dura: substitui-se a família por uma comunidade, substitui-se a conjugalidade por um regime de troca e de migração, mas é pior ainda, estabelecem-se micro-Édipos, os microfascismos ditam a lei, a mãe se acha na obrigação de embalar seu filho, o pai devém mamãe. Obscura clareza que não cai de estrela alguma e que exala tanta tristeza: essa segmentaridade movediça decorre diretamente da mais dura, ela é sua compensação direta. Quanto mais os conjuntos devêm molares, mais os elementos e suas relações tornam-se moleculares: o homem molecular para uma humanidade molar. Desterritorializamo-nos, fazemo-nos massa, mas para atar e anular os [279] movimentos de massa e de desterritorialização, para inventar todas as reterritorializações marginais piores ainda do que as outras. Mas, sobretudo, a segmentaridade flexível suscita seus próprios perigos, que não se contentam em reproduzir em miniatura os perigos da segmentaridade molar, nem em decorrer destes perigos ou compensá-los: como já vimos, os microfascismos têm sua especificidade, eles podem cristalizar num macrofascismo, mas também flutuar por si mesmos sobre a linha flexível, banhando cada minúscula célula. Uma multidão de buracos negros pode muito bem não centralizar-se, e ser como vírus que se adaptam às mais diversas situações, cavando vazios nas percepções e nas semióticas moleculares. Interações sem ressonância. Em lugar do grande medo paranoico, encontramo-nos presos por mil monomaniazinhas, evidências e clarezas que jorram de cada buraco negro e que não fazem mais sistema e sim rumor e zumbido, luzes ofuscantes que dão a qualquer um a missão de um juiz, de um justiceiro, de um policial por conta própria, de um *gauleiter*, um chefete de prédio ou de casa. Vencemos o medo, abandonamos as margens da segurança, mas entramos num sistema não menos concentrado, não menos organizado, um sistema de pequenas inseguranças, que faz com que cada um encontre seu buraco negro e devenha perigoso nesse buraco, dispondo de uma clareza sobre seu caso, seu papel e sua missão, mais inquietantes que as certezas da primeira linha.

O Poder é o terceiro perigo, porque encontra-se nas duas linhas ao mesmo tempo. Ele vai dos segmentos duros, de sua sobrecodificação e ressonância às segmentações finas, à sua difusão e interações e vice-versa. Não há homem de poder que não salte de uma linha à outra, e que não alterne um pequeno e um grande estilo, o estilo canalha e o estilo Bossuet, a demagogia de bar e o imperialismo de alto funcionário. Mas toda essa cadeia e essa trama do poder mergulham num mundo que lhes escapa, mundo de fluxos mutantes. E é precisamente sua impotência que torna o poder tão perigoso. O homem de poder não deixará de querer deter as linhas de fuga e, para isso, tomar, fixar a máquina de mutação na máquina de sobrecodificação. Mas ele só pode fazê-lo isolando a máquina de sobrecodificação, isto é, primeiro fixando-a, contendo-a no agenciamento local encarregado de efetuá-la, em suma, dando ao agenciamento as dimensões da máquina: o que se produz nas condições artificiais do totalitarismo e do "uso fechado", do confinamento.

Mas há ainda um quarto perigo, sem dúvida aquele que mais nos interessa, porque concerne as próprias linhas de fuga. Por mais que se queira apresentar tais linhas [280] como uma espécie de mutação,

1933 — Micropolítica e segmentaridade

de criação, traçando-se não na imaginação mas no próprio tecido da realidade social, por mais que se queira lhes dar o movimento da flecha e a velocidade de um absoluto — seria muito simples acreditar que elas não temem nem afrontam outro risco senão o de se fazer recuperar apesar de tudo, de se fazer colmatar, atar, reatar, reterritorializar. Elas próprias desprendem um estranho desespero, como que um odor de morte e de imolação, como que um estado de guerra do qual se sai destroçado: é que elas mesmas têm seus próprios perigos, que não se confundem com os precedentes. Exatamente aquilo que faz Fitzgerald dizer: "Eu tinha um sentimento de estar de pé no crepúsculo num campo de tiro abandonado, um fuzil vazio na mão e os alvos abatidos. Nenhum problema a ser resolvido. Simplesmente o silêncio e o barulho único de minha própria respiração (...). Minha imolação de mim mesmo era um detonador sombrio e molhado".[29] Por que a linha de fuga é uma guerra na qual há tanto risco de se sair desfeito, destruído, depois de se ter destruído tudo o que se podia? Eis precisamente o quarto perigo: que a linha de fuga atravesse o muro, que ela saia dos buracos negros, mas que, ao invés de se conectar com outras linhas e aumentar suas valências a cada vez, *ela se transforme em destruição, abolição pura e simples, paixão de abolição.* Tal como a linha de fuga de Kleist, a estranha guerra que ele trava e o suicídio, o duplo suicídio como saída que faz da linha de fuga uma linha de morte.

Não invocamos qualquer pulsão de morte. Não há pulsão interna no desejo, só há agenciamentos. O desejo é sempre agenciado, ele é o que o agenciamento determina que ele seja. No próprio nível das linhas de fuga, o agenciamento que as traça é do tipo máquina de guerra. As mutações remetem a essa máquina, *que certamente não tem a guerra por objeto*, mas a emissão de *quanta* de desterritorialização, a passagem de fluxos mutantes (toda criação nesse sentido passa por uma máquina de guerra). Há muitas razões que mostram que a máquina de guerra tem uma outra origem, que ela é um agenciamento distinto do aparelho de Estado. De origem nômade, ela é dirigida contra ele. Um dos problemas fundamentais do Estado será o de apropriar-se dessa máquina de guerra que lhe é estrangeira, fazer dela uma peça de seu aparelho sob forma de instituição militar fixada; e nesse

---

[29] F. Scott Fitzgerald, *La Fêlure*, Paris, Gallimard, 1964, pp. 350, 354.

aspecto o Estado sempre encontrará grandes dificuldades. Mas exatamente quando a máquina de guerra não tem mais por objeto senão a guerra, quando ela substitui assim a mutação pela destruição, é que ela libera a carga mais *[281]* catastrófica. A mutação não era absolutamente uma transformação da guerra; ao contrário, a guerra é que é como a queda ou a sequela da mutação, o único objeto que resta à máquina de guerra quando ela perdeu sua potência de mudar. Desse modo, deve-se dizer da guerra em si mesma que ela é somente o abominável resíduo da máquina de guerra, seja quando esta se fez apropriar pelo aparelho de Estado, ou, pior ainda, quando ela construiu para si um aparelho de Estado que não serve mais do que para a destruição. Então a máquina de guerra não traça mais linhas de fuga mutantes, mas uma pura e fria linha de abolição. (Sobre essa relação complexa entre a máquina de guerra e a guerra, mais adiante gostaríamos de apresentar uma hipótese).

É aqui que reencontramos o paradoxo do fascismo e sua diferença em relação ao totalitarismo. Com efeito, o totalitarismo é assunto de Estado: concerne essencialmente a relação do Estado como agenciamento localizado com a máquina abstrata de sobrecodificação que ele efetua. Mesmo quando se trata de uma ditadura militar, é um exército de Estado que toma o poder e que leva o Estado ao estágio totalitário, e não uma máquina de guerra. O totalitarismo é conservador por excelência. No fascismo, entretanto, trata-se de uma máquina de guerra. E quando o fascismo constrói para si um Estado totalitário não é mais no sentido de uma tomada de poder por um exército de Estado, mas, ao contrário, no sentido da apropriação do Estado por uma máquina de guerra. Uma estranha observação de Virilio nos dá a pista: no fascismo, o Estado é muito menos totalitário do que *suicidário*. Existe, no fascismo, um niilismo realizado. É que, diferentemente do Estado totalitário, que se esforça por colmatar todas as linhas de fuga possíveis, o fascismo se constrói sobre uma linha de fuga intensa, que ele transforma em linha de destruição e abolição puras. É curioso como, desde o início, os nazistas anunciavam para a Alemanha o que traziam: núpcias e morte ao mesmo tempo, inclusive a sua própria morte e a dos alemães. Eles pensavam que pereceriam, mas que seu empreendimento seria de toda maneira recomeçado: a Europa, o mundo, o sistema planetário. E as pessoas gritavam bravo, não porque não

1933 — Micropolítica e segmentaridade

compreendiam, mas porque queriam esta morte que passava pela dos outros. É como uma vontade de arriscar tudo a cada vez, de apostar a morte dos outros contra a sua, e de tudo medir com "deleômetros", com medidores de supressão. O romance de Klaus Mann, *Mephisto*, oferece amostras de discursos ou de conversas nazistas perfeitamente habituais: "O heroísmo patético fazia cada vez mais falta em nossa vida. (...) Na realidade, não caminhamos a passo militar, avançamos titubeando. (...) Nosso *[282]* amado Führer nos arrasta para as trevas e o nada. (...) Como nós, poetas, que mantemos relações particulares com as trevas e o abismo, não o admiraríamos por isso? (...) Raios de fogo no horizonte, valetas de sangue em todos os caminhos, e uma dança de possuído dos sobreviventes, *daqueles que ainda estão poupados, em torno dos cadáveres!*".[30] O suicídio não aparece como um castigo, mas como o coroamento da morte dos outros. É sempre possível dizer que se trata de um discurso confuso e de ideologia, nada mais que ideologia. Mas não é verdade: a insuficiência das definições econômicas e políticas do fascismo não implica a simples necessidade de se acrescentar a elas vagas determinações ditas ideológicas. Preferimos seguir J.-P. Faye, quando ele se interroga sobre a formação precisa dos enunciados nazistas que funcionam tanto no político, no econômico, quanto na mais absurda conversa. Reencontramos sempre nesses enunciados o grito "estúpido e repugnante" *Viva a morte!*, até no nível econômico, onde a expansão do rearmamento substitui o aumento do consumo, e onde o investimento se desloca dos meios de produção para os meios de pura destruição. A análise de Paul Virilio

[30] Klaus Mann, *Mephisto*, Paris, Denoël, 1975, pp. 265-6. Esse gênero de declarações abunda no momento dos sucessos nazistas. Cf. as célebres fórmulas de Goebbels: "No mundo de fatalidade absoluta onde Hitler se move, nada mais tem sentido, nem o bem nem o mal, nem o tempo nem o espaço, *e aquilo que os outros homens chamam de sucesso não pode servir de critério.* (...). É provável que Hitler culmine na catástrofe..." (*Hitler parle à ses généraux*, Paris, Albin Michel, 1964). Este catastrofismo pode se conciliar com muita satisfação, com uma boa consciência e uma tranquila serenidade, como se observa, num outro contexto, em alguns suicidas. Há toda uma burocracia da catástrofe. Para o fascismo italiano, chamamos a atenção, especialmente, para a análise de Maria Antonietta Macciocchi, "Sexualité féminine dans l'idéologie fasciste", *Tel Quel*, n° 66, 1976: o esquadrão feminino da morte, a encenação das viúvas e das mães enlutadas, as palavras de ordem "Caixão e Berços".

parece-nos profundamente justa quando ele define o fascismo não pela noção de Estado totalitário, mas pela de Estado suicidário: a guerra dita total aparece aí menos como o empreendimento de um Estado do que de uma máquina de guerra que se apropria do Estado, fazendo passar através dele o fluxo de guerra absoluta que não terá outra saída senão o suicídio do próprio Estado. "Desencadeamento de um processo material desconhecido, realmente sem limites e sem meta. (...) Uma vez desencadeado, seu mecanismo não pode desembocar na paz, pois a estratégia indireta instala efetivamente o poder dominante fora das categorias usuais do espaço e do tempo (...). É no horror da cotidianidade e do seu meio que Hitler encontrará finalmente seu mais seguro *[283]* instrumento de governo, a legitimação de sua política e de sua estratégia militar, e isto até o fim, pois, longe de abater a natureza repulsiva de seu poder, as ruínas, os horrores, os crimes, o caos da guerra total normalmente só farão aumentar sua extensão. O telegrama 71 — *Se a guerra está perdida, que pereça a nação* — no qual Hitler decide somar seus esforços aos de seus inimigos para consumar a destruição de seu próprio povo, aniquilando os últimos recursos de seu habitat, reservas civis de toda natureza (água potável, carburantes, víveres, etc.) é o desfecho normal...[31] Era já essa reversão da linha de fuga em linha de destruição que animava todos os focos moleculares e os fazia interagir numa máquina de guerra, em vez de ressoar num aparelho de Estado. *Uma máquina de guerra que não tinha mais objeto a não ser a guerra*, e que aceitava abolir seus próprios correligionários antes do que deter a destruição. Os perigos todos das outras linhas são irrelevantes comparados a esse perigo.

Tradução de Suely Rolnik

[31] Virilio, *L'Insécurité du territoire*, cit., cap. I. Ainda que Hannah Arendt identifique nazismo e totalitarismo, ela extraiu este princípio da dominação nazista: "Sua ideia da dominação não podia ser realizada nem por um Estado, nem por um simples aparelho de violência, mas unicamente por um movimento em constante movimento"; e até a guerra e o risco de perder a guerra intervém como aceleradores (Hannah Arendt, *Le Système totalitaire*, Paris, Seuil, 1972, pp. 49, 124 ss.; 140 ss.; 207 ss.).

1933 — Micropolítica e segmentaridade

ÍNDICE ONOMÁSTICO

As páginas indicadas são as da edição original francesa, inseridas entre colchetes e em itálico ao longo do texto.

Aloïse Corbaz, *223*
Althusser, Louis, *257*
Arendt, Hannah, *283*
Arland, Marcel, *238*
Artaud, Antonin, *186, 196, 198, 202*
Badiou, Alan, *270*
Balandier, Georges, *255*
Balmès, François, *270*
Barbey d'Aurevilly, Jules, *236-7*
Barraqué, Jean, *207*
Barthes, Roland, *211*
Bateson, Gregory, *196*
Beckett, Samuel, *213, 244*
Berthe, Louis, *259*
Blanchot, Maurice, *277*
Bonnard, Pierre, *215*
Bossuet, Jacques, *279*
Boulte, Nicolas, *270*
Brunhoff, Suzanne de, *276*
Burroughs Jr., William, *189*
Burroughs, William, *186, 190*
Canetti, Elias, *260*
Castañeda, Carlos, *199-200, 277-8*
Chestov, Leon, *251*
Clausewitz, Carl von, *266*
Clístenes, *258*
Cuvier, Georges, *267*
D'Arc, Joana, *217*
D'Estaing, Giscard, *263*
Dalcq, Albert, *190*

De Gaulle, Charles, *264*
Debussy, Claude, *207*
Deligny, Fernand, *248*
Devaux, Emile, *211*
Dickens, Charles, *214-5*
Dobb, Maurice, *269*
Dostoiévski, Fiódor, *240*
Duby, Georges, *269*
Duccio di Buoninsegna, *227*
Dupouy, Roger, *192*
Durkheim, Émile, *267*
Eddington, Arthur, *261*
Eisenstein, Serguei, *215, 225*
Ernst, Max, *223*
Espinosa, Benedicto, *196*
Evans-Pritchard, E. E., *255*
Faye, Jean-Pierre, *261, 282*
Fénelon, François, *258*
Fitzgerald, F. Scott, *237-8, 242-4, 252, 280*
Fitzgerald, Zelda, *252*
Fleutiaux, Pierrette, *245-6*
Fortes, Meyer, *255, 259*
Foucault, Michel, *265, 274*
Francisco I, *271*
Freud, Sigmund, *203*
Gautier, Émile-Félix, *272*
Genserico, o Vândalo, *275*
Geoffroy Saint-Hilaire, Étienne, *267*
Godard, Jean-Luc, *212*

Goebbels, Joseph, 282
Gorz, André, 263
Griffith, D. W., 214-5, 224-5
Guérin, Daniel, 261, 273
Gulik, Robert van, 194
Hardy, Thomas, 228
Haudricourt, André-Georges, 218
Hitler, Adolf, 202, 261, 282-3
Husserl, Edmund, 236
Isakower, Otto, 208
James, Henry, 238-9, 241
Jaulin, Robert, 218
Joyce, James, 244, 254
Julien, Florence, 248
Kafka, Franz, 207, 261, 274
Khan, Gêngis, 275
Kierkegaard, Soren, 242, 266
Klaatsch, Hermann, 211
Kleist, Heinrich von, 280
Kraemer, H., 211
Laborit, Henri, 250
Lacan, Jacques, 210
Lawrence, D. H., 228, 231-2, 241, 251
Lelart, Michel, 265
Lévi-Strauss, Claude, 254, 256
Lewin, Kurt, 189, 208
Lizot, Jacques, 215-6, 254, 257
Lowry, Malcolm, 212
Loyola, Inácio de, 211
Luís XIV, 258
Luxemburg, Rosa, 270
Lyotard, Jean-François, 194
M'Uzan, Michel de, 188
Macciocchi, Maria Antonietta, 282
Mann, Klaus, 281-2
Mao Tsé-Tung, 275

Maupassant, Guy de, 236, 244
Melville, Herman, 228, 231, 244, 251
Mercier, Jacques, 224
Michelet, Jules, 271
Miller, Henry, 204, 210, 228-9
Moiroux, Jacques, 270
Nelli, René, 194
Nietzsche, Friedrich, 277
Nijinsky, Vaslav, 207
Pabst, Georg Wilhelm, 225
Parant, J. L., 226
Paris, Jean, 227
Pirenne, Henri, 271-2
Pompidou, Georges, 264
Pound, Ezra, 216, 244
Propp, Vladimir, 238
Proust, Marcel, 227-8, 240-1
Reich, Wilhelm, 230
Ronai, Maurice, 220
Rorschach, Hermann, 220
Salle, Jean-Baptiste de la, 211
São Francisco, 219
Sarraute, Nathalie, 240-1
Sartre, Jean-Paul, 210
Schmitt, Bernard, 265
Spitz, René Arpad, 208
Sternberg, Josef von, 206
Szondi, Leopold, 220
Tarde, Gabriel, 264, 267-8
Tchekhov, Anton, 251-2
Ticiano Vecellio, 212
Troyes, Chrétien de, 212-3
Vernant, Jean-Pierre, 258
Virilio, Paul, 258, 263, 281-3
Vuillard, Édouard, 215
Weissmann, Karl, 203
Wölfli, Adolf, 223

ÍNDICE DAS MATÉRIAS

6. 28 de novembro de 1947 — Como criar para si um Corpo sem Órgãos? *[185-204]*
   Corpos sem Órgãos e ondas, intensidades
   O ovo
   Masoquismo, Amor cortês, Tao
   Estratos e plano de consistência
   Antonin Artaud
   Arte da prudência
   Problema dos três Corpos
   Desejo, plano, seleção e composição

7. Ano zero — Rostidade *[205-234]*
   Muro branco, buraco negro
   Máquina abstrata de rostidade
   Corpo, cabeça e rosto
   Rosto e paisagem
   O romance cortês
   Teoremas da desterritorialização
   Funções sociais do rosto
   O rosto e Cristo
   As duas figuras do rosto: face e perfil, o desvio
   Desfazer o rosto

8. 1874 — Três novelas ou "O que se passou?" *[235-252]*
   Novela e conto: o segredo
   As três linhas
   Corte, fenda e ruptura
   O casal, o duplo e o clandestino

9. 1933 — Micropolítica e segmentaridade *[253-283]*
   Segmentaridade, primitiva e civilizada
   Molar e molecular

Índice das matérias

O fascismo e o totalitarismo
Linha de segmentos, fluxo de *quanta*
Gabriel Tarde
Massas e classes
Máquina abstrata: a mutação e a sobrecodificação
O que é um centro de poder?
As três linhas e os perigos de cada uma
Medo, clareza, poder e morte

ÍNDICE DAS REPRODUÇÕES

6. Marcel Griaule e Germaine Dieterlin, *A raposa pálida*, Institut d'Ethnologie, Musée de l'Homme (primeiro Yala do ovo de Amma) — *[185]*

7. Duccio di Buoninsegna, *Convocação dos apóstolos São Pedro e Santo André*, 1308-1311. National Gallery of Art, Washington D.C. — *[205]*

   Rostos dos enrodilhados mágicos etíopes, segundo documentos de Jacques Mercier — *[225]*

8. Richard Felton Outcault, *Buster Brown, o pequeno carteiro*, Librarie Hachette — *[235]*

9. Fernand Léger, *Les Hommes dans la ville*, 1919. The Solomon R. Guggenheim Museum, Nova York, foto Robert E. Mates — *[253]*

ÍNDICE GERAL DOS VOLUMES

Volume I
Prefácio à edição italiana
Nota dos autores
1. Introdução: Rizoma
2. 1914 — Um só ou vários lobos?
3. 10.000 a.C. — A geologia da moral (quem a Terra pensa que é?)

Volume II
4. 20 de novembro de 1923 — Postulados da linguística
5. 587 a.C.-70 d.C. — Sobre alguns regimes de signos

Volume III
6. 28 de novembro de 1947 — Como criar para si um Corpo sem Órgãos?
7. Ano zero — Rostidade
8. 1874 — Três novelas ou "O que se passou?"
9. 1933 — Micropolítica e segmentaridade

Volume IV
10. 1730 — Devir-intenso, devir-animal, devir-imperceptível...
11. 1837 — Acerca do ritornelo

Volume V
12. 1227 — Tratado de nomadologia: a máquina de guerra
13. 7.000 a.C. — Aparelho de captura
14. 1440 — O liso e o estriado
15. Conclusão: Regras concretas e máquinas abstratas

BIBLIOGRAFIA DE DELEUZE E GUATTARI

OBRAS CONJUNTAS DE GILLES DELEUZE E FÉLIX GUATTARI

L'Anti-Œdipe: capitalisme et schizophrénie 1. Paris: Minuit, 1972 [ed. bras.: *O anti-Édipo: capitalismo e esquizofrenia 1*, trad. Georges Lamazière. Rio de Janeiro: Imago, 1976; nova ed. bras.: trad. Luiz B. L. Orlandi, São Paulo: Editora 34, 2010].

Kafka: pour une littérature mineure. Paris: Minuit, 1975 [ed. bras.: *Kafka: por uma literatura menor*, trad. Júlio Castañon Guimarães, Rio de Janeiro: Imago, 1977; nova ed. bras.: trad. Cíntia Vieira da Silva, Belo Horizonte: Autêntica, 2014].

Rhizome. Paris: Minuit, 1976 (incorporado em *Mille plateaux*).

Mille plateaux: capitalisme et schizophrénie 2. Paris: Minuit, 1980 [ed. bras. em cinco volumes: *Mil platôs: capitalismo e esquizofrenia 2 — Mil platôs*: vol. 1, trad. Aurélio Guerra Neto e Célia Pinto Costa, Rio de Janeiro: Editora 34, 1995 — *Mil platôs*: vol. 2, trad. Ana Lúcia de Oliveira e Lúcia Cláudia Leão, Rio de Janeiro: Editora 34, 1995 — *Mil platôs*, vol. 3, trad. Aurélio Guerra Neto, Ana Lúcia de Oliveira, Lúcia Cláudia Leão e Suely Rolnik, São Paulo: Editora 34, 1996 — *Mil platôs*, vol. 4, trad. Suely Rolnik, São Paulo: Editora 34, 1997 — *Mil platôs*, vol. 5, trad. Peter Pál Pelbart e Janice Caiafa, São Paulo: Editora 34, 1997].

Qu'est-ce que la philosophie? Paris: Minuit, 1991 [ed. bras.: *O que é a filosofia?*, trad. Bento Prado Jr. e Alberto Alonso Muñoz, Rio de Janeiro: Editora 34, 1992].

OBRAS DE GILLES DELEUZE

David Hume, sa vie, son oeuvre, avec un exposé de sa philosophie (com André Cresson). Paris: PUF, 1952.

Empirisme et subjectivité: essai sur la nature humaine selon Hume. Paris: PUF, 1953 [ed. bras.: *Empirismo e subjetividade: ensaio sobre a natureza humana segundo Hume*, trad. Luiz B. L. Orlandi, São Paulo: Editora 34, 2001].

Instincts et institutions: textes et documents philosophiques (organização, prefácio e apresentações de Gilles Deleuze). Paris: Hachette, 1953 [ed. bras.: "Instintos e instituições", trad. Fernando J. Ribeiro, in Carlos Henrique Escobar (org.), *Dossier Deleuze*, Rio de Janeiro: Hólon, 1991, pp. 134-7].

Nietzsche et la philosophie. Paris: PUF, 1962 [ed. bras.: *Nietzsche e a filosofia*, trad. Ruth Joffily Dias e Edmundo Fernandes Dias, Rio de Janeiro: Editora Rio, 1976; nova ed. bras.: trad. Mariana de Toledo Barbosa e Ovídio de Abreu Filho, São Paulo: n-1 edições, 2018].

La Philosophie critique de Kant. Paris: PUF, 1963 [ed. bras.: *Para ler Kant*, trad. Sônia Pinto Guimarães, Rio de Janeiro: Francisco Alves, 1976; nova ed. bras.: *A filosofia crítica de Kant*, trad. Fernando Scheibe, Belo Horizonte: Autêntica, 2018].

Proust et les signes. Paris: PUF, 1964; 4ª ed. atualizada, 1976 [ed. bras.: *Proust e os signos*, trad. da 4ª ed. fr. Antonio Piquet e Roberto Machado, Rio de Janeiro: Forense Universitária, 1987; nova ed. bras.: trad. Roberto Machado, São Paulo: Editora 34, 2022].

Nietzsche. Paris: PUF, 1965 [ed. port.: *Nietzsche*, trad. Alberto Campos, Lisboa: Edições 70, 1981].

Le Bergsonisme. Paris: PUF, 1966 [ed. bras.: *Bergsonismo*, trad. Luiz B. L. Orlandi, São Paulo: Editora 34, 1999 (incluindo os textos "A concepção da diferença em Bergson", 1956, trad. Lia Guarino e Fernando Fagundes Ribeiro, e "Bergson", 1956, trad. Lia Guarino)].

Présentation de Sacher-Masoch. Paris: Minuit, 1967 [ed. bras.: *Apresentação de Sacher-Masoch*, trad. Jorge Bastos, Rio de Janeiro: Taurus, 1983; nova ed. como *Sacher-Masoch: o frio e o cruel*, Rio de Janeiro: Zahar, 2009].

Différence et répétition. Paris: PUF, 1968 [ed. bras.: *Diferença e repetição*, trad. Luiz B. L. Orlandi e Roberto Machado, Rio de Janeiro: Graal, 1988, 2ª ed., 2006; 3ª ed., Rio de Janeiro: Paz e Terra, 2018].

Spinoza et le problème de l'expression. Paris: Minuit, 1968 [ed. bras.: *Espinosa e o problema da expressão*, trad. GT Deleuze — 12, coord. Luiz B. L. Orlandi, São Paulo: Editora 34, 2017].

Logique du sens. Paris: Minuit, 1969 [ed. bras.: *Lógica do sentido*, trad. Luiz Roberto Salinas Fortes, São Paulo: Perspectiva, 1982].

Spinoza. Paris: PUF, 1970 [ed. port.: *Espinoza e os signos*, trad. Abílio Ferreira, Porto: Rés-Editora, s.d.].

Dialogues (com Claire Parnet). Paris: Flammarion, 1977; nova edição, 1996 [ed. bras.: *Diálogos*, trad. Eloisa Araújo Ribeiro, São Paulo: Escuta, 1998; nova ed. bras.: trad. Eduardo Mauricio da Silva Bomfim, São Paulo: Lumme, 2017].

Superpositions (com Carmelo Bene). Paris: Minuit, 1979.

Spinoza: philosophie pratique. Paris: Minuit, 1981 [ed. bras.: *Espinosa: filosofia prática*, trad. Daniel Lins e Fabien Pascal Lins, São Paulo: Escuta, 2002].

Francis Bacon: logique de la sensation, vols. 1 e 2. Paris: Éd. de la Différence, 1981, 2ª ed. aumentada, 1984 [ed. bras.: *Francis Bacon: lógica da sensação* (vol.

1), trad. Aurélio Guerra Neto, Bruno Lara Resende, Ovídio de Abreu, Paulo Germano de Albuquerque e Tiago Seixas Themudo, coord. Roberto Machado, Rio de Janeiro: Zahar, 2007].

Cinéma 1 — L'Image-mouvement. Paris: Minuit, 1983 [ed. bras.: *Cinema 1 — A imagem-movimento*, trad. Stella Senra, São Paulo: Brasiliense, 1985; 2ª ed. revista, São Paulo: Editora 34, 2018].

Cinéma 2 — L'Image-temps. Paris: Minuit, 1985 [ed. bras.: *Cinema 2 — A imagem-tempo*, trad. Eloisa Araújo Ribeiro, São Paulo: Brasiliense, 1990; 2ª ed. revista, São Paulo: Editora 34, 2018].

Foucault. Paris: Minuit, 1986 [ed. bras.: trad. Claudia Sant'Anna Martins, São Paulo: Brasiliense, 1988].

Le Pli: Leibniz et le baroque. Paris: Minuit, 1988 [ed. bras.: *A dobra: Leibniz e o barroco*, trad. Luiz B. L. Orlandi, Campinas: Papirus, 1991; 2ª ed. revista, 2000].

Périclès et Verdi: la philosophie de François Châtelet. Paris: Minuit, 1988 [ed. bras.: *Péricles e Verdi: a filosofia de François Châtelet*, trad. Hortência S. Lencastre, Rio de Janeiro: Pazulin, 1999].

Pourparlers (1972-1990). Paris: Minuit, 1990 [ed. bras.: *Conversações (1972-1990)*, trad. Peter Pál Pelbart, Rio de Janeiro: Editora 34, 1992].

L'Épuisé, em seguida a *Quad, Trio du Fantôme, ... que nuages..., Nacht und Träume* (de Samuel Beckett). Paris: Minuit, 1992 [ed. bras.: *Sobre o teatro: O esgotado e Um manifesto de menos*, trad. Fátima Saadi, Ovídio de Abreu e Roberto Machado, intr. Roberto Machado, Rio de Janeiro: Zahar, 2010].

Critique et clinique. Paris: Minuit, 1993 [ed. bras.: *Crítica e clínica*, trad. Peter Pál Pelbart, São Paulo: Editora 34, 1997].

L'Île déserte et autres textes (textes et entretiens 1953-1974) (org. David Lapoujade). Paris: Minuit, 2002 [ed. bras.: *A ilha deserta e outros textos (textos e entrevistas 1953-1974)*, trad. Cíntia Vieira da Silva, Christian Pierre Kasper, Daniel Lins, Fabien Pascal Lins, Francisca Maria Cabrera, Guido de Almeida, Hélio Rebello Cardoso Júnior, Hilton F. Japiassú, Lia de Oliveira Guarino, Fernando Fagundes Ribeiro, Luiz B. L. Orlandi, Milton Nascimento, Peter Pál Pelbart, Roberto Machado, Rogério da Costa Santos, Tiago Seixas Themudo, Tomaz Tadeu e Sandra Corazza, coord. e apr. Luiz B. L. Orlandi, São Paulo: Iluminuras, 2006].

Deux régimes de fous (textes et entretiens 1975-1995) (org. David Lapoujade). Paris: Minuit, 2003 [ed. bras.: *Dois regimes de loucos: textos e entrevistas (1975-1995)*, trad. Guilherme Ivo, rev. técnica Luiz B. L. Orlandi, São Paulo: Editora 34, 2016].

Lettres et autres textes (org. David Lapoujade). Paris: Minuit, 2015 [ed. bras.: *Cartas e outros textos*, trad. Luiz B. L. Orlandi, São Paulo: n-1 edições, 2018].

Obras de Félix Guattari

Psychanalyse et transversalité: essais d'analyse institutionnelle (prefácio de Gilles Deleuze). Paris: Maspero, 1972; nova ed., Paris: La Découverte, 2003 [ed. bras.: *Psicanálise e transversalidade: ensaios de análise institucional*, trad. Maria Stela Gonçalves e Adail Ubirajara Sobral, Aparecida, SP: Ideias e Letras, 2004].

La Révolution moléculaire. Fontenay-sous-Bois: Recherches, 1977; 2ª ed., Paris: UGE, 1980 [ed. bras.: *Revolução molecular: pulsações políticas do desejo*, org., trad. e comentários de Suely Rolnik, São Paulo: Brasiliense, 1981; 2ª ed., 1985].

L'Inconscient machinique: essais de schizo-analyse. Fontenay-sous-Bois: Recherches, 1979 [ed. bras.: *O inconsciente maquínico: ensaios de esquizoanálise*, trad. Constança M. César e Lucy M. César, Campinas: Papirus, 1988].

Félix Guattari entrevista Lula. São Paulo: Brasiliense, 1982.

Les Nouveaux espaces de liberté (com Antonio Negri). Paris: Dominique Bedoux, 1985 [ed. bras.: *As verdades nômades: por novos espaços de liberdade*, trad. Mario Marino e Jefferson Viel, São Paulo: Politeia/Autonomia Literária, 2017].

Pratique de l'institutionnel et politique (entrevistas; com Jean Oury e François Tosquelles). Paris: Matrice, 1985.

Micropolítica: cartografias do desejo (com Suely Rolnik). Petrópolis: Vozes, 1985 [ed. francesa: *Micropolitiques*, Paris: Les Empêcheurs de Penser en Rond, 2007].

Les Années d'hiver: 1980-1985. Paris: Bernard Barrault, 1986.

Cartographies schizoanalytiques. Paris: Galilée, 1989.

Les Trois écologies. Paris: Galilée, 1989 [ed. bras.: *As três ecologias*, trad. Maria Cristina F. Bittencourt, Campinas: Papirus, 1990].

Chaosmose. Paris: Galilée, 1992 [ed. bras.: *Caosmose: um novo paradigma estético*, trad. Ana Lúcia de Oliveira e Lúcia Cláudia Leão, Rio de Janeiro: Editora 34, 1992].

Ritournelle(s). Paris: Éditions de la Pince à Linge, 1999 (ed. ilustrada); nova ed., *Ritournelles*, Tours: Lume, 2007.

La Philosophie est essentielle à l'existence humaine (entrevista com Antoine Spire). La Tour-d'Aigues: L'Aube, 2002.

Écrits pour L'Anti-Œdipe (org. Stéphane Nadaud). Paris: Lignes/Manifeste, 2004.

65 rêves de Franz Kafka (prefácio de Stéphane Nadaud). Paris: Lignes, 2007 [ed. bras.: *Máquina Kafka/Kafkamachine*, seleção e notas de Stéphane Nadaud, trad. e prefácio de Peter Pál Pelbart, posfácio de Akseli Virtanen, São Paulo: n-1 edições, 2011].

SOBRE OS AUTORES

Gilles Deleuze nasceu em 18 de janeiro de 1925, em Paris, numa família de classe média. Perdeu seu único irmão, mais velho do que ele, durante a luta contra a ocupação nazista. Gilles apaixonou-se por literatura, mas descobriu a filosofia nas aulas do professor Vial, no Liceu Carnot, em 1943, o que o levou à Sorbonne no ano seguinte, onde obteve o Diploma de Estudos Superiores em 1947 com um estudo sobre David Hume (publicado em 1953 como *Empirismo e subjetividade*). Entre 1948 e 1957 lecionou no Liceu de Amiens, no de Orléans e no Louis-Le-Grand, em Paris. Já casado com a tradutora Fanny Grandjouan em 1956, com quem teve dois filhos, trabalhou como assistente em História da Filosofia na Sorbonne entre 1957 e 1960. Foi pesquisador do CNRS até 1964, ano em que passou a lecionar na Faculdade de Lyon, lá permanecendo até 1969. Além de Jean-Paul Sartre, teve como professores Ferdinand Alquié, Georges Canguilhem, Maurice de Gandillac, Jean Hyppolite e Jean Wahl. Manteve-se amigo dos escritores Michel Tournier, Michel Butor, Jean-Pierre Faye, além dos irmãos Jacques e Claude Lanzmann e de Olivier Revault d'Allonnes, Jean-Pierre Bamberger e François Châtelet. Em 1962 teve seu primeiro encontro com Michel Foucault, a quem muito admirava e com quem estabeleceu trocas teóricas e colaboração política. A partir de 1969, por força dos desdobramentos de Maio de 1968, firmou sua sólida e produtiva relação com Félix Guattari, de que resultaram livros fundamentais como *O anti-Édipo* (1972), *Mil platôs* (1980) ou *O que é a filosofia?* (1991). De 1969 até sua aposentadoria em 1987 deu aulas na Universidade de Vincennes (hoje Paris VIII), um dos centros do ideário de Maio de 68. Em 1995, quando o corpo já doente não pôde sustentar a vitalidade de seus encontros, o filósofo decide conceber a própria morte: seu suicídio ocorre em Paris em 4 de novembro desse ano. O conjunto de sua obra — em que se destacam ainda os livros *Diferença e repetição* (1968), *Lógica do sentido* (1969), *Cinema 1: A imagem-movimento* (1983), *Cinema 2: A imagem-tempo* (1985), *Crítica e clínica* (1993), entre outros — deixa ver, para além da pluralidade de conexões que teceu entre a filosofia e seu "fora", a impressionante capacidade de trabalho do autor, bem como sua disposição para a escrita conjunta, e até para a coescrita, como é o caso dos livros assinados com Guattari.

Pierre-Félix Guattari nasceu em 30 de abril de 1930 em Villeneuve-les-Sablons, Oise, vila próxima a Paris, e faleceu em 29 de agosto de 1992 na clínica de psicoterapia institucional de La Borde, na qual ele próprio trabalhou durante toda a vida, na companhia do irmão Fernand e de Jean Oury, cofundador. Seguiu durante muito tempo os seminários de seu analista, Jacques Lacan, porém no convívio com Gilles Deleuze, com quem se encontrou em 1969, e no processo de escrita de suas obras em parceria, afastou-se do lacanismo. Militante de esquerda, Félix Guattari, como *filósofo da práxis*, tinha horror aos dogmatismos. Participou dos movimentos de Maio de 1968, na França, e promoveu rádios livres nos anos 70; batalhou por causas de minorias em várias partes do mundo (junto aos palestinos em 1976, a operários italianos em 1977, e em movimentos pela redemocratização brasileira a partir de 1979, entre outras). Como declarou em 1983, considerava necessário envolver-se com "processos de singularização" e ao mesmo tempo acautelar-se "contra toda sobrecodificação das intensidades estéticas e dos agenciamentos de desejo, sejam quais forem as proposições políticas e os partidos aos quais se adere, mesmo que sejam bem-intencionados". Guattari esteve na origem do CERFI (Centre d'Études, de Recherches et Formation Institutionelles), coletivo de pesquisadores em Ciências Humanas, fundado na França, extremamente ativo entre 1967 e 1987, e possui também uma extensa obra individual. Além de sua parceria com Gilles Deleuze, escreveu obras em colaboração com outros autores, como Antonio Negri (*Les Nouveaux espaces de liberté*, 1985) ou, no Brasil, Suely Rolnik (*Micropolítica: cartografias do desejo*, 1986). Em seus envolvimentos teóricos e práticos, o psicanalista e filósofo procurou sempre "liberar o campo do possível", sobretudo através de experimentações micropolíticas que buscam criar aberturas no funcionamento dos coletivos e levar as relações de amizade para além de suas fixações identitárias.

COLEÇÃO TRANS
direção de Éric Alliez

Gilles Deleuze e Félix Guattari
O que é a filosofia?

Félix Guattari
Caosmose

Gilles Deleuze
Conversações

Barbara Cassin, Nicole Loraux,
Catherine Peschanski
Gregos, bárbaros, estrangeiros

Pierre Lévy
As tecnologias da inteligência

Paul Virilio
O espaço crítico

Antonio Negri
A anomalia selvagem

André Parente (org.)
Imagem-máquina

Bruno Latour
Jamais fomos modernos

Nicole Loraux
Invenção de Atenas

Éric Alliez
A assinatura do mundo

Maurice de Gandillac
Gêneses da modernidade

Gilles Deleuze e Félix Guattari
Mil platôs
(Vols. 1, 2, 3, 4 e 5)

Pierre Clastres
Crônica dos índios Guayaki

Jacques Rancière
Políticas da escrita

Jean-Pierre Faye
A razão narrativa

Monique David-Ménard
A loucura na razão pura

Jacques Rancière
O desentendimento

Éric Alliez
*Da impossibilidade
da fenomenologia*

Michael Hardt
Gilles Deleuze

Éric Alliez
Deleuze filosofia virtual

Pierre Lévy
O que é o virtual?

François Jullien
Figuras da imanência

Gilles Deleuze
Crítica e clínica

Stanley Cavell
*Esta América nova,
ainda inabordável*

Richard Shusterman
Vivendo a arte

André de Muralt
A metafísica do fenômeno

François Jullien
Tratado da eficácia

Georges Didi-Huberman
O que vemos, o que nos olha

Pierre Lévy
Cibercultura

Gilles Deleuze
Bergsonismo

Alain de Libera
Pensar na Idade Média

Éric Alliez (org.)
Gilles Deleuze:
uma vida filosófica

Gilles Deleuze
Empirismo e subjetividade

Isabelle Stengers
A invenção das ciências modernas

Barbara Cassin
O efeito sofístico

Jean-François Courtine
A tragédia e o tempo da história

Michel Senellart
As artes de governar

Gilles Deleuze e Félix Guattari
O anti-Édipo

Georges Didi-Huberman
Diante da imagem

François Zourabichvili
Deleuze:
uma filosofia do acontecimento

Gilles Deleuze
Dois regimes de loucos:
textos e entrevistas (1975-1995)

Gilles Deleuze
Espinosa
e o problema da expressão

Gilles Deleuze
Cinema 1 — A imagem-movimento

Gilles Deleuze
Cinema 2 — A imagem-tempo

Gilbert Simondon
A individuação à luz das noções
de forma e de informação

Georges Didi-Huberman
Imagens apesar de tudo

Jacques Rancière
As margens da ficção

Gilles Deleuze
Proust e os signos

ESTE LIVRO FOI COMPOSTO EM SABON,
PELA BRACHER & MALTA, COM CTP DA
NEW PRINT E IMPRESSÃO DA GRAPHIUM
EM PAPEL PÓLEN NATURAL 80 G/M² DA
CIA. SUZANO DE PAPEL E CELULOSE PARA
A EDITORA 34, EM MAIO DE 2022.